TJ Special File 12
スポーツ現場の傷害調査
ケガの予防につなげるための取り組み

砂川憲彦 著

はじめに

　スポーツは、健康の維持・増進や豊かな人間形成に役立つだけでなく、人々に感動や勇気、そして生きる喜びをも与えてくれる素晴らしい活動です。しかし、その素晴らしいスポーツ活動で、ケガにより苦しんでいる人も少なくありません。スポーツ現場では、足関節の捻挫に代表されるような発生率の高い傷害から、時には選手生命だけではなく選手の生命そのものが脅かされるような重篤な傷害まで、多種多様なケガが発生する可能性が報告されています。ケガによりスポーツ選手が被る損失は、身体的・精神的ダメージだけでなく、治療期間という時間的損失、医療費という経済的損失、さらには大きなチャンスをも失うことが考えられます。

　近年、スポーツ現場における「傷害予防」が世界的に大きな注目を集めております。スポーツ現場で起こるケガを予防したい…という思いは、スポーツ現場に関わる全ての方々共通の思いなのではないでしょうか。それでは、「傷害予防」はどのようなプロセスで進めていけばよいのでしょう。現在までの「傷害予防」に関する研究は、ファーストステップとして「傷害調査」を位置づけております。現状を正しく把握するために、まずは「傷害調査」を行い、問題点や取り組むべき課題を明らかにすることが重要です。では、この「傷害調査」の定義や手法について、スポーツ現場で活動されている方々に十分浸透しているといえるでしょうか？　実際私自身も「スポーツにおける傷害予防研究」の一環として「傷害調査」を行いましたが、「傷害調査」の定義やデータの取り方、分類方法、まとめ方などわからないことが多く、非常に多くの時間を費やしました。そのような経験から、この度「傷害調査」についてまとめさせていただきました。

　スポーツ現場で活動される多くの方々が「傷害調査」について理解を深め、興味を持ってもらうきっかけとなれば幸いです。そしてさまざまな種目やカテゴリーからエビデンスに基づいた傷害調査結果が報告され、「傷害予防」につながる知見が数多く生まれることを願っております。

謝辞

　スポーツ現場で起こるケガを少しでも減らしたいという思いから、傷害予防を検討するうえでのファーストステップとして位置づけられている「傷害調査」の手法についてまとめさせていただきました。執筆にあたり、ご協力、お力添えをいただきました諸先生方に、心から厚く御礼申し上げます。

第2・3章　萩原麻耶様（日本工学院八王子専門学校）
第7章　　宮崎彰吾先生（帝京平成大学ヒューマンケア学部はり灸学科）
第8章　　永野康治先生（日本女子体育大学体育学部スポーツ健康学科）
　　　　　笹木正悟先生（東京有明医療大学柔道整復学科）

　また「スポーツ傷害調査支援システムSIRIUS」の開発にあたり多大なるご指導、御尽力を賜りました、福林徹先生（早稲田大学スポーツ科学学術院）、倉持梨恵子先生（中京大学スポーツ科学部）、浅野将志様（ブックハウス・エイチディ）に、心から厚く御礼申し上げます。

砂川憲彦

スポーツ現場の傷害調査

はじめに …………………………………………………………………………… 2
謝辞 ………………………………………………………………………………… 3

1 傷害調査がなぜ重要なのか ……………………………………………… 6
傷害予防の第一歩　*6*
世界の基準で　*7*
傷害調査で得た発見　*8*
傷害調査の効果　*9*
競技特性を反映　*10*
現場・研究に活かす　*11*

2 傷害調査の項目を検討する ……………………………………………… 16
傷害調査の国際基準　*16*
Injury body part（傷害の部位）　*17*
Type of injury（傷害の種類）　*17*
Cause of injury（傷害の原因）　*18*
Injury severity（重症度）　*19*
オリジナルの項目を考えよう　*20*
先行研究の調査項目・方法を正しく日本語に落とし込む　*22*

3 傷害調査には「定義」が必要 …………………………………………… 28
傷害の定義　*28*
再受傷の定義　*30*
慢性障害（オーバーユース）の定義　*31*
接触型損傷と非接触型損傷の定義　*31*
重症度の定義　*32*
傷害の判断・傷害調査の記録者　*32*

4 傷害発生率を算出する …………………………………………………… 34
傷害発生率を算出方法　*35*
（1）Athlete-hours
（2）Athlete-exposures
（3）Athletes（Number）
（4）パーセント（％）
（5）その他の手法
傷害発生率として算出できる項目の一例　*38*
傷害調査を行ううえで注意すべき点　*38*

5 システム開発に向けた取り組み ………………………………………… 41
開発の背景　*42*
今までの傷害調査に関する問題点　*42*
開発の目的　*43*
開発のポイント　*44*
記録したデータから得られる内容　*44*

目次

6 「SIRIUS」の使い方（1）
基本設定と、傷害調査の流れ …… 46
基本設定　*46*
（1）アドレスとパスワードの設定
（2）競技種目を選択する
（3）選手登録
（4）自由記入項目の設定
傷害調査の流れ　*47*
（1）傷害記録
（2）傷害記録の閲覧と復帰日の入力
（3）出欠入力
その他　*48*

SIRIUSの特徴 …… 55
スポーツ傷害調査支援システムSIRIUS（シリウス）

7 「SIRIUS」の使い方（2）
調査結果をどのようにまとめ、伝えるか …… 58
目的に立ち返る、伝える対象を考える　*58*
グラフ化する　*59*
比較対象となるデータを活用する　*61*
詳細な傷害特徴を再検証する　*63*
傷害のリスクを考える　*65*
論文などで発表する場合　*65*

事例報告 …… 68
傷害調査をやってみて──大学アメリカンフットボール部での記録
鈴田芽生・NPO法人スピッツェンパフォーマンス所属、日体協AT、JATI-ATI

8 選手を守るために調査を傷害予防に結びつける …… 74
傷害予防の基本的な考え方　*74*
傷害のリスクファクターを考える　*75*
内的要因から傷害リスクを検討する　*78*
外的要因から傷害リスクを検討する　*78*
誘発事象を詳細に分析し、傷害リスクを検討する　*79*
傷害のリスクファクターを明らかにし、傷害予防プログラムの開発に役立てる　*79*
傷害調査の重要性を改めて理解する　*80*

本書は『月刊トレーニング・ジャーナル』2015年2月号〜9月号に
タイトル「傷害調査でわかること」として連載されたものを加筆・修正した。

ブックデザイン●青野哲之（ハンプティー・ダンプティー）

1 傷害調査がなぜ重要なのか

傷害予防の第一歩

　私はラグビーのアスレティックトレーナーを務めてきました。皆さんもご存じの通り、ラグビーはとても外傷の多い競技です。ケガ人を早く安全に復帰させることや、ケガそのものを減らすことがチーム力の向上につながり、選手やチームの夢を叶えるうえでも重要なことだと思い、日々のトレーナー業務に取り組んでいました。その中で傷害予防の部分をさらに重点的に行いたいと考え、改めて所属チームの問題点やラグビー競技の特徴的な問題点はどこにあるのか探ろうと思い立ったのが、傷害調査を意識したきっかけです。

　科学的根拠に沿った傷害予防を行いたいと思ったものの、当時の私はそれをどのように実施すればよいのかノウハウを持ち合わせていませんでしたので、まずは傷害予防に関連する論文を探すことから始めました。sports・injury・prevention・incidenceなどといったキーワードで論文を検索している中、あるときVan Mechelenらが執筆した「Incidence, severity, aetiology and prevention of sports injuries. A review of concepts」という論文に出会い、その論文では、「傷害予防のファーストステップとして、傷害発生率や重症度などの現状を明らかにする」と書かれておりました。さらにラグビーに関する海外の傷害調査を読み進めると、傷害の発生率（1000player-hours）や重症度、傷害部位、傷害の種類などについてデータを詳細に分析し、現状の問題点を明らかにしていることを知りました。これらの論文から、ケガを防ぐにはまず正しい方法で傷害調査を行い、問題点を具体的に明らかにすることが重要だ

と理解し、所属チームの状況を調査し直しました。その後、Caroline Finchらによって発表された論文「A new framework for research leading to sports injury prevention」にも、やはりケガを予防するための第一段階として傷害予防があげられておりますので、傷害調査が傷害予防の第一歩であるという考えは、世界的なスタンダードといえるでしょう。

世界の基準で

　傷害予防にはまず傷害調査が重要だとわかり、ではどのような手法で調査すればよいか国内の先行研究を調べたところ、日本では一定期間にあるチームや施設でカウントされた傷害の数を割合で示したものを多く目にしました。またさまざまな種目で傷害調査の先行研究を調べたところ、種目によってその調査方法は異なるケースが多く、国内で統一された調査方法はまだ確立されていないように感じました。一方、諸外国の傷害調査を調べてみると、傷害発生率は傷害発生数を時間で割る形で示されている論文を多く目にしました。さらにラグビーにおける傷害調査方法を探していると、ラグビーでは当時国際ラグビーボード（以下IRB、現在のワールドラグビー）が、ラグビー向けの傷害調査の方法を提唱していることを知りました。ラグビーの傷害調査を行う際には、この基準で記録を残し分析すれば、すでに発表されている諸外国のラグビーチームと自分の所属チームとのデータ比較も可能になります。

　このように、世界のスタンダードを知り、その手法に基づいた傷害調査を行うことは、他の大会や他のチームとの傷害調査結果と比較が可能になるだけでなく、その競技特有の問題点や、カテゴリー特有の問題点などを検討する際にも大変役立ちます。

　私が所属していたチームでは、傷害記録を残すために入力されたエクセルデータがあったので、それをもとにIRBが提唱する基準に合わせて整理することから始めました。チームでは練習や試合でケガ人が出た際に、氏名・学年・ポジション・受傷日・復帰日・受傷部位・受傷機転・診断名・サーフェスなど詳細な項目を記録として残しておりましたので、このデータをIRBが提唱する基準に移行することはそれほど難しい

作業ではありませんでした。基準に沿っていない項目などについては聞き取り調査を行い確認しましたので、全て手持ちのデータで網羅できました。

傷害調査で得た発見

そもそも私が傷害予防に強い関心を持った理由のひとつに、チーム内に前十字靭帯（以降ACL）を損傷した選手が数名いたことが挙げられます。当時私が関わっていたチームは学生スポーツだったのですが、重症度の高いケガをしたことで長期間プレーから離脱する選手や、ケガが原因で引退を余儀なくする選手を目の当たりにし、どうにかしたいという思いが強くありました。

そこでチームで記録していた2年分のデータを改めて整理、分析し、見直したところ、イメージしていたことが数字になって現れました。ラグビーやアメリカンフットボールは激しいタックルが繰り返されるため、接触型のケガが多いのではないかと考えがちです。ラグビーにトレーナーとして関わる前まで、膝のケガについてもそうだと私自身も思っていました。しかし、実際にラグビーのトレーナーとしてチームに参加すると、ACL損傷は非接触型の受傷も多いという印象を持つようになりました。そこで改めて2年分の傷害調査の結果を分析してみると、それは数字となって明らかになりました。女子のバスケットボールやハンドボールほど高い傷害発生率ではありませんが、決して少なくはない数字だったのです。接触型損傷の場合は相手選手との接触による外力の影響が大きいため、傷害を予防することは大変難しいと考えられております。しかし、非接触型損傷の場合は、選手自身の内的要因が大きく影響していると考えられるため、トレーニングやコンディショニング、安全な動作習得などによって傷害を予防できる可能性があると考えられます。

2年分の傷害調査結果から、ラグビーにおけるACL損傷は非接触型損傷が少なくないことが明らかとなったので、チームとして非接触型ACL損傷に対する傷害予防対策を検討していこうという結論に至りました。

このようにデータを整理・分析して初めて、曖昧だった部分が明確になったり、自分のイメージとは異なった、新たな発見が得られたりすることは少なくありません。

傷害調査の効果

　現在では、スポーツ現場における傷害予防を行ううえで、傷害調査の重要性が認められ、その手法も確立され始めておりますが、具体的かつ統一的な定義というのは、まだ明確にされていないのではないでしょうか。自分なりに定義すると、所属するチームの「ケガに関する現状の詳細を、傷害調査の目的を踏まえた形式で、正しく記録に残す」と表現すればよいでしょうか。

　これによって得られる効果はたくさん挙げられます。たとえば「膝関節の靭帯損傷の傷害発生数が多い」というケースでは、「どの程度の頻度で傷害が発生しているのか」を明らかにするために傷害発生率を算出することも重要ですが、それに加え「どのようなプレーでケガが多いのか」など受傷時のシチュエーションを詳細に記録するように項目を設定していれば、傷害調査結果から危険なプレーが明らかになり、アスレティックリハビリテーションで強調すべきポイントがより具体的になってきます。また、受傷時のプレーやシチュエーションに加え、ポジションを記録する項目を事前に設定することで、「ポジション別の傷害特性」が明らかになり、そのポジションに求められる能力も検討することが可能となります。このように傷害発生を詳細に分析することは、選手が取り組むべきトレーニングや獲得すべきスキル、さらには戦術なども再検討するきっかけになるのではないかと感じております。さらに受傷した選手たちに共通する身体的特徴などを、フィールドテストや整形外科的メディカルチェックなどの結果から検証し、共通する項目を抽出することができれば、個々の傷害発生リスクを事前に認識でき、個別の傷害予策が可能となるではないでしょうか。

　効果に、ほかにもたくさんあります。たとえば選手に「傷害予防プログラムとしてこのメニューをウォーミングアップに取り入れよう」と提案するとき、「本当に効果があるんですか」「このメニューに意味がある

んですか」といった反応が選手やスタッフから返ってくる可能性もあります。そのような場面においても、傷害調査を行いその結果をさまざまな視点から分析できていれば、プログラムの必要性を数字や図表でわかりやすく伝えることができ、言葉にも説得力が生まれます。傷害予防プログラムは、ただ与えられたプログラムを実施するのではなく、選手自身が傷害予防をイメージし、意識して行うことで、大きな成果が得られます。ただ「ケガが多いから」ではなく、科学的根拠を持って、この競技、このチーム、このポジション、その選手の問題点はここだと明らかにすることにより、監督や選手の傷害予防に対する理解も深まります。さらにこのような取り組みが、監督や選手自身が傷害予防に興味・関心を持ってもらうひとつのきっかけとなれば、素晴らしいことではありませんか。

　傷害予防を行っていくうえで、実際に行った傷害予防プログラムがどのような効果をもたらしたのか検証することも非常に重要な取り組みです。傷害調査を継続して実施することで、部位別や傷害別など、あらゆる項目における傷害発生率の変化を見ることが可能になります。このように、傷害予防プログラムの効果を検証する際も、傷害調査は大きな役割を果たしています。

　また、傷害予防の取り組みに対する評価は、トレーナー活動の評価として活用することも可能です。

　トレーナーとしてチームに携わった結果、チームにどのような効果をもたらしたのかという視点でデータをまとめることもひとつの活用方法だと思います。

競技特性を反映

　傷害調査をどのように活用するかは調査する側の考えにもよりますが、多くは現場の傷害に関する問題点を明らかにし、それらを改善するために活用されることが多いでしょう。そのような目的を踏まえて傷害調査のあり方を考えれば、傷害調査は現場に役立つ情報、現場が求めている情報をより具体的に収集し、分析することが重要になります。したがって傷害特性を反映した手法であることが望ましいと考えます。現状

を調べてみると、ラグビーやサッカーなどでは競技特性を反映した調査項目が、すでに競技団体独自の分類として示されていますが、多くの競技において世界的なスタンダードになる調査方法はまだ明確に示されていません。ACL損傷や頭頚部外傷といった重症度の高い傷害を取り上げ、その受傷機転を明らかにする研究は多く報告されていますが、単一競技で発生した全ての傷害について、受傷機転となったプレーを細かく分類している調査は意外と少ないのが現状です。しかし、そのような情報は、スポーツ現場で本当にケガを減らそうとするならば、必要不可欠な情報です。

　傷害調査のフォーマットとして国際オリンピック委員会（以降IOC）が示しているものがあり、一般的にはこの手法を活用している方が多いのではないでしょうか。このフォーマットはあらゆる競技に対応しているので、どのような競技においても活用することが可能です。また調査方法が統一されているので、他競技との比較も可能です。競技によってプレーの種類、試合時間、試合会場の大きさなどが異なりますので、競技特性を反映した調査項目の検討も時には必要となります。

　まずはIOCが示しているフォーマットをもとに、競技特性という部分をアレンジしてみると、チームにとってより有益なデータが得られるのではないでしょうか。どのようなプレーで傷害が発生しやすいのか、どの時間帯で傷害が発生しやすいのか、どのエリアが最も危険なのか、これらのことを事前に検討し調査項目として加えていれば、傷害予防や傷害の再発予防に必要な重要情報を得ることができます。先行研究を参考にしながら、さらに必要な調査項目を検討することは非常に価値ある取り組みだと思います。

現場・研究に活かす

　トレーナーやメディカルスタッフが取り組むアスレティックリハビリテーションでは、競技復帰を目的とし、競技特性や個人の特性に応じた取り組みが重要です。したがって損傷部位の回復だけではなく、その選手が持つケガのリスクとなる全ての要因についてアプローチする必要があります。ACL損傷を例にすると、ケガの原因となったプレーがスト

ップか、方向転換か、着地か、タックルされたかによってアスレティッククリハビリテーションのメニューも変わってきます。たとえ競技復帰後に同じシチュエーションが生じたとしても再受傷しないよう、安全なプレーや危険を回避する能力を身につけることが求められます。

　ここで問題となるのはケガのリスクとなる要因をどのように明らかにするかという部分です。競技特性を反映した詳細な傷害調査を行うことで、傷害発生率の高いプレー、ポジション、部位などは明らかになります。しかし、それ以上の個別な傷害発生要因については傷害調査だけでは明確になりません。

　たとえば大学生のチームで1年生のケガが多かったという結果が傷害調査から得られたとしても、なぜ1年生の傷害発生率が高いのかという具体的な要因は見えてきません。そこでさらなる検証が求められます。筋力・持久力・バランス能力といった身体能力に問題があるのか、柔軟性・アライメント・身体組成など身体的特性に問題があるのか、スキルに問題があるのか、さまざまな視点からリスクとなる要因を検討することが求められます。これらの問題点に関しては、フィールドテストや整形外科的メディカルチェックなどの結果や、監督やコーチの意見などが参考になります。さらに動作分析など専門的な研究を行うことで、そのリスクはより具体的に数字として示すことが可能になります。このように傷害調査の結果から、スポーツ現場で取り組むべき課題が明らかになり、研究として明らかにしなければならないテーマも出てきます。

　一言に傷害予防といっても、ケガの要因を明らかにすることは非常に難しい取り組みです。しかしその原点となる情報は傷害調査を行うことで明らかになると考えれば、傷害調査は傷害予防を行ううえで、非常に重要なプロセスであるといえます。

　これまで傷害調査は調査する人が独自に調査手法を検討し、行ってきたケースも少なくないと思いますが、今後は共通の調査方法でデータを収集することが望ましいと考えます。

　調査方法が統一されることで他チームとの比較が可能となり、自分のチームの問題点や競技そのものの問題点などが明らかになるのではないでしょうか。傷害調査結果が論文などで発表され、重症度や発生率の高い傷害の現状が明らかになれば、選手を守るためにルール改正の必要性

について、世界的な議論が交わされる可能性もあります。

　論文などにまとめて公表することは非常に大変ですが、私自身もスポーツ現場で活動するうえで先行研究に大変助けられています。各チームで収集した傷害調査が論文としてたくさん発表されることが、重要なことだと感じています。

　まずは私たちが傷害調査の重要性を呼びかけていくことで、さまざまな意見が出てくるきっかけになればよいと思っています。

　嬉しいことに、学生トレーナーを指導していて、最近になり傷害調査に興味を持つ学生が増えたように感じます。またこの傷害調査から得られた結果が、傷害予防プログラムやアスレティックリハビリテーションなどへ活かせることも非常に多くありますので、是非多くの方々が傷害調査に興味を持っていただければと思っております。

　振り返ると、私が関わったチームの環境は傷害調査を行ううえで非常に恵まれていたと感じています。まず傷害調査を行うことに対し、チームや選手の理解が得られていました。またメディカル関連のスタッフ数が多く、ケガについて記録することがルーティンとなっておりました。私がこのチームに関わる以前からチーム内では傷害調査を詳細に記録していたので、その後IRBの基準に統合する際も非常に役立ちました。しかし、このように環境が整っているスポーツ現場ばかりではありません。また傷害調査を行ううえで環境がある程度整ったとしても、基準に沿った記録の取り方を知らない人も多いと思います。いくら傷害調査が大切だと訴えても、傷害調査の手法に関する明確なガイドラインを伝えるというプロセスがなければ、傷害調査はスポーツ現場に浸透していきません。私自身が傷害調査について調べ始めた頃、先行研究を探すことは容易ではなく、多くの時間を要しました。この調査段階を私たちが担い、明確なガイドラインとフォーマットを用意すれば、日々やるべき業務の多い現場のトレーナーも容易に傷害調査を始められると思います。

　傷害調査というと、専門的もしくはアカデミックな印象を持たれる方も多いと思います。確かに傷害調査結果を専門的に分析することは簡単なことではありません。しかし、傷害調査のガイドラインをわかりやすく提示することにより、学生トレーナーでも情報の収集や簡便な分析であれば行うことは可能で、チームに貢献できることが増えるのではない

かと考えています。

　私は大学で学生を指導していますが、学生たちに「傷害調査をやっていこう」と話した際、「ではどうやったらよいですか」「僕が関わっている競技ではどのようにやったらよいですか」と質問されました。それらはとても素直な反応でしたが、そこで即座に「その競技であればこのようなデータを収集すればよい」と答えることができませんでした。そのような経験から、傷害調査の重要性を知ってもらい、次の一歩を踏み出すためのものを示していくことが、私たちにとって大事なことだと、最近はとくに痛感しています。

　そこでツールとしてのアプリケーション（ウェブ上のシステム「SIRIUS＝シリウス」として稼働中）を考案しました。最近の学生はコンピュータ操作に精通し、ツールがあればすぐ慣れて毎日記録をつけるようになると思い、このシステムを制作しました。そのコンセプトは、

1）簡単に記録を残すことができること
2）必要な情報を正確に残すことができること
3）世界の基準に沿った調査方法であること
です。

　さらにこのアプリケーションは傷害調査に関する最新情報を提供できるように、インフォメーション欄を設けてあります。また実際に使用しているユーザーのアドバイスをもとに、自由記述欄を設けました。さらに世界のスタンダードを踏まえたうえで、自分が調査したい項目などのオリジナリティを出す幅が設けてあります。

　わかりやすく傷害調査のガイドラインを提示することで、学生に限らず少しでも多くの方々に傷害調査という取り組みを、より身近に感じてもらえればと思っています。まだまだ傷害調査が不十分な競技はたくさん存在します。さらに同じ競技でも、性別、年代、競技レベルによって傷害特性が変わる可能性も十分考えられます。傷害調査をスポーツ界全体に広げることで、スポーツをしている多くの方々の傷害予防に少しでも貢献できればと考えています。

[参考文献]

1) van Mechelen, et al,: Incidence, severity, aetiology and prevention of sports injuries. A review of concepts. Sports Med 14 (2): 82-99. 1992
2) Finch C et al,: A new framework for research leading to sports injury prevention. J Sci Med Sport. 2006 May; 9 (1-2): 3-9
3) CW Fuller, et al.: Consensus statement on injury definitions and data collection procedures for studies of injuries in rugby union. Br J Sports Med 41 (5): 328-31. 2007
4) Junge A et al,: Injury surveillance in multi-sport events: the International Olympic Committee approach. Br J Sports Med. 2008 Jun; 42 (6): 413-21

傷害調査の項目を検討する

　この章では具体的にどのような項目で傷害調査を行えばよいかについて述べていきます。傷害調査はスタートが非常に重要です。始める前に、目的を明確にするとともに、その目的を達成するためにはどのような項目を、どのような分類で記録するかを、事前に決める必要があります。年度によって傷害調査の項目や分類が変わると、長期にわたる傷害調査や、過去のデータとの比較もできなくなります。傷害調査の項目や分類によって、傷害調査から得られるデータの活用の幅が決まるので、傷害調査を開始する前に、以下の記述を是非参考にしていただければと思います。

傷害調査の国際基準

　最もベーシックな基準は、IOCが2008年に発表した傷害調査用のフォーマットです。オリンピックでは個人競技や団体競技、屋内競技や屋外競技、陸上競技や水泳競技など競技種目はさまざまです。そういった背景のもと、この傷害調査方法は各競技種目に対応したフォーマットになっており、傷害の定義や分類が明確に定められております。ですから、この分類項目で傷害調査を行うことにより、競技を越えた傷害調査の比較も可能となり、また長期間この手法に基づき傷害調査を行うことで、過去との比較も可能になります。おそらく今後、多くの競技で活用されるフォーマットになると思いますので、参考にするとよいでしょう。

　この傷害調査方法は、すでに定められたフォーマットに従って傷害の詳細を記録していきますが、Injury body part（傷害の部位）、Type of injury（傷害の種類）、Cause of injury（傷害の原因）などの分類における詳細な項目はコード（数字）化され、このコードで記録していきます。

ほかにも各団体で傷害調査方法を明確に定めたものが、いくつか公表されています。ラグビーでは、IRBが2007年にラグビー向けの傷害調査方法について示しています。また同年、全米大学体育協会（以下NCAA = National Collegiate Athletic Association）でも傷害調査方法について具体的に示しております。これらの傷害調査方法はいずれもInjury body part（傷害の部位）、Type of injury（傷害の種類）、Cause of injury（傷害の原因）などについて分類が明確に示されているので非常に参考になると思いますし、現在世界で活用されている傷害調査の基準も見えてくるのではないかと思います。

ではIOC、IRB、NCAAにおける傷害調査方法をいくつか紹介します。

Injury body part（傷害の部位）

傷害部位の分類です。まずIOCでは、Head and Trunk（頭部・体幹）、Upper extremity（上肢）、Lower extremity（下肢）の大きく3部位に分け、それぞれを8部位に分けています。したがって傷害の部位は24項目になります。

これに比べNCAAではより細かく分類しています。たとえば頭部だけでも、Head（頭部）、Eye (s)（眼）、Ear（耳）、Nose（鼻）、Face（顔面）、Chin（下顎）、Jaw（TMJ）（上顎）、Mouth（口）、Teeth（歯）、Tongue（舌）と10部位に、全身では「その他」を含めると43項目になります。

またIRBが提唱した傷害の部位は19項目になります。

Type of injury（傷害の種類）

次に傷害の種類に関する分類について紹介します。これは脳震盪、骨折、靭帯損傷、筋断裂といった傷害の種類を分類する項目です。

まずIOCの調査方法では「Other（その他）」の項目も含め、全部で

19項目が定められています。この分類では、Fracture（骨折）をTraumatic（外傷性の骨折）とStress fracture（疲労骨折）に分けているほか、Ligamentous rupture（靭帯の断裂）もwith instability（不安定性あり）とwithout instability（不安定性なし）に分けています。

これに対しNCAAでは「その他」の項目も含め32項目と非常に多くの項目が示されています。IOCの分類ではLaceration（裂傷）、Abrasion（擦り傷）、Skin lesion（皮膚損傷）は1つの分類項目にまとめられていますが、NCAAの分類ではAbrasion（擦り傷）、Contusion（挫傷）、Laceration（裂創）、Puncture wound（刺創）とそれぞれの項目に分けて示されています。またLigament sprain（靭帯損傷）では、Complete tear（完全断裂）とIncomplete tear（部分断裂）に分けるなど、詳細な分類となっています。しかし、Fracture（骨折）に関しては、NCAAの分類においてもTraumatic（外傷性の骨折）とStress fracture（疲労骨折）に分けているので、全ての分類方法が全く異なっているわけではありません。

Type of injury（傷害の種類）はあくまでも傷害の種類による分類ですので、診断名とは異なります。実際に発生した傷害を詳細に明らかに記録するためには医師が診断した診断名（Diagnosis）が重要なので、記録のどこかに診断名の項目をつくることは重要だと思います。

Cause of injury（傷害の原因）

傷害発生についての原因をオーバーユース、非接触型損傷、接触型損傷などに分類します。

まずIOCの傷害調査方法では「その他」の項目も含め、全部で12の分類項目が定められています。具体的にはOveruse（オーバーユース）、Non-contact trauma（非接触型損傷）、Recurrence of previous injury（過去の傷害の再発）、Contact（接触型損傷）、Violation of rules（ルール違反）、Field of play conditions（フィールドのコンディション）、Weather condition（気象条件）、Equipment failure（用具の故障）などです。オーバーユースの項目では、Gradual onset（徐々に痛くなったのか）、Sudden onset（突然痛みが出現したか）によって項目が分かれ

ています。またContact（接触型損傷）でもAnother athlete（他の選手に接触したのか）、Moving object（動いている物に接触したのか）、Stagnant object（動かない物に接触したのか）などに項目が分かれております。

これに比べNCAAでは種目ごとに少々内容が異なります。たとえばバレーボールでは「その他」の項目も含め11に分類されています。具体例としては、Contact with net（ネットに接触）、Contact with ball（ボールに接触）、Contact with out-of-bounds observers（区域外のオブザーバーに接触）などの項目があります。このようにバレーボールという競技特性を反映した分類項目になっている点は、非常に興味深い分類方法です。

以上のように団体・組織によって傷害調査の分類項目が異なることが理解できたと思います。どの基準に合わせるかについては、傷害調査の対象となる種目や、傷害調査の目的などを考慮し、選択することが望ましいと思います。自分のチームと比較したい対象は先行研究においてどのような傷害調査方法を用いているのか、また自分が携わっている競技種目の世界的なスタンダードはどのような手法なのかについて事前に調査・検討し、傷害調査方法を決定するのが一番望ましいと思います。

Injury severity（重症度）

傷害調査の先行研究を調べてみると、ほかにもいろいろな調査項目を目にします。

たとえば練習を休んだ日数（受傷日から復帰日までの期間）を調査項目の1つとして記録することで、傷害の重症度が明らかになります。傷害の重症度の分類では一般的にⅠ度損傷、Ⅱ度損傷、Ⅲ度損傷といった分け方がありますが、傷害調査においては、何日休んだかで重度、中程度、軽度などと分類する考え方があります。IRBが示した傷害調査では重症度について、0～1日の休みをSlight（軽微な）、2～3日の休みをMinimal（やや軽度の）、4～7日の休みをMild（軽度）、8～28日の休みをModerate（中程度）、28日以上はSevere（重度）、その他Career-ending（引退するほどの、競技継続不可能な）に分類しております。他

の傷害調査では、1〜7日を「軽度」、8〜21日を「中程度」、21日越え、または永久的損傷を「重度」と規定しているものもあります。

　重症度の高い傷害は、練習や試合からの離脱時間が長い傷害であるということになりますから、選手やチームへ与える影響も非常に大きい傷害であると考えられます。その観点から考えると傷害発生率の高い傷害だけでなく、重症度の高い傷害も傷害予防を検討すべき項目の1つとして注目すべきだと思います。

オリジナルの項目を考えよう

　これまでは多くの傷害調査研究で主に用いられているスタンダードな項目について紹介しました。しかしこのような項目が全てではありません。そもそも傷害調査をどのような目的で行うかによりますが、傷害予防に活かすことを目的とするならば、ほかにも知りたい情報はたくさんあると思います。まず基本的な傷害調査の手法を押さえたうえで、自分のチームの競技種目やカテゴリー（年齢・レベル・性別）を踏まえオリジナルな項目を追加していく方法が最も望ましい形だと思います。そこでいくつか例を挙げて説明します。

　まず選手の基本データとして、学年や年齢を記録しておけば、学年や年齢別の特徴的な傷害を検討するときに役立ちます。身長・体重・体脂肪率を記録することで、傷害と身体的特徴（特性）との関連も数値として表すことが可能となります。もしかしたら体脂肪率と下肢の傷害に関連がみられるかもしれません。さらにポジションも記録すると、傷害に関するポジション特性なども明らかとなります。チームや個人の競技レベルなども事前に確認しておくと、傷害調査で明らかとなった傷害特性は競技レベルによるものなのかという比較検討も可能となります。投げたり、ボールなどを打ち合うラケットスポーツでは利き腕を多く使うので、利き腕が右か左かを記録することも意味があると思います。

　また受傷機転（受傷時のプレー）を記録することも大きな意味があります。NCAAにおけるバレーボールの傷害調査では、傷害が発生したときのプレーとして、Serving（サーブ）、Spiking（スパイク）、Setting（トスを上げる）、Passing（パス）、Digging（ディグ、スパイクのレシ

ーブ)、Blocking（ブロック）、Conditioning（コンディション）、Other（その他）などに分類しています。

　ラグビーで活用されている調査方法ではContactのあった受傷時のプレーとして、Tackled（タックルされた）、Tackling（タックルした）、Maul（モール）、Ruck（ラック）、Lineout（ラインアウト）、Scrum（スクラム）、Collision（衝突・激突）、Other（その他）などに分類しています。このような情報は傷害予防や再発予防を検討するうえで非常に重要な意味を持ちます。

　その他の項目としては、受傷した場面が試合時か練習時かを記録することも大切です。さらに試合などではどの時間帯で傷害が発生したのか記録した研究もあります。バスケットボールやアメリカンフットボールは第1クォーターから第4クォーターまで試合が行われるので、傷害発生の時間帯をクォーターごとに分類することで試合の前半にはどのような傷害の発生が多く、試合の後半ではどのような傷害が多く発生するのかといった傾向も探ることが可能となります。サッカーやラグビーでは前半と後半で分類すると長くなってしまうため、試合時間を分割して記録している研究もあります。ラグビーでは前半・後半をそれぞれ二分割で試合全体を四分割に、サッカーでは前半・後半をそれぞれ三分割で試合全体を六分割として記録している先行研究があります。

　また、発生した傷害が新規の傷害なのか再受傷なのかといった項目も用意するとよいでしょう。この項目を1つ追加することで、再受傷率の高いケガを検証することが可能となります。アスレティックトレーナーとしては傷害予防を考える際、新規の傷害だけでなく再受傷率を下げることも重要な役割なので、実態を正しく把握するためにこれらの項目は必要です。

　その他では、環境的な要因についても記録している研究報告もあります。いくつか例を挙げれば、気象条件（天候、気温、湿度、風）、サーフェス、グラウンドコンディション、防具の有無などの項目です。このような項目を記録することで、環境的要因の危険性を予測することにも役立つのではないでしょうか。危険を事前に予測することができれば、それに対応した予防策を講じることで傷害予防につながります。

　以上のようにオリジナルの項目は、傷害調査を行う目的によって増や

すことは可能です。多くの項目を設定すればそれだけ多くの情報を得ることができますが、むやみに増やすと、今度は毎日記録を取り続けるのが難しくなります。傷害調査は継続して記録することが重要なので、負担が大きくならないよう十分な検討が必要です。

手軽に継続できるものかどうかは実はとても重要です。IOCの基準も、コード（数字）を記入する部分が多く設定され、簡易に行えるよう工夫されています。多くの人が長い期間、ストレスなく調査を行える方法を考えることも間接的ですが、傷害調査には大切です。

先行研究の調査項目・方法を正しく日本語に落とし込む

海外から発表されているガイドラインは英語などで記載されているので、それを日本で用いるためには医学用語を正しく日本語に訳さなければなりません。多くは単語で書かれているので直訳するようにしていますが、変換作業の中では表現に迷う点もあります。たとえば日本語では同じ単語で表す身体の部位も、英語では使い分けられている場合もあります。いずれは英語版と日本語版のあるSCAT（脳震盪で使われるテスト）と同じように、正しい日本語に訳されたガイドラインが普及することを期待します。

［参考文献］

1) CW Fuller, et al.: Consensus statement on injury definitions and data collection procedures for studies of injuries in rugby union. Br J Sports Med 41 (5): 328-31. 2007
2) Junge A et al.: Injury surveillance in multi-sport events: the International Olympic Committee approach. Br J Sports Med. 2008 Jun; 42 (6): 413-21
3) Dick R, et al.: National Collegiate Athletic Association Injury Surveillance System Commentaries :Introduction and Methods J Athl Train. 2007 Apr-Jun; 42 (2): 173-82.
4) Sankey RA, et al,: The Epidemiology of Ankle Injuries in professional Rugby Union Players Am J Sports Med. 2008 Dec; 36 (12): 2415-24
5) Chalmers DJ, et al.: Risk factors for injury in rugby union football in New Zealand: a cohort study Br J Sports Med. 2012 Feb; 46 (2): 95-102

各団体の部位やケガの分類

• IOCによる身体部位の分類

Head and trunk（頭部・体幹）
1. Face（incl.eye.ear.nose）顔（目・耳・鼻を含む）
2. Head 頭部
3. Neck/cervical spine 頚部・頚椎
4. Thoracic spine/upper back 胸椎・上背部
5. Sternum/ribs 胸骨・肋骨
6. Lumber spine/lower back 腰椎・下背部
7. Abdomen 腹部
8. Pelvis/sacrum/buttock 骨盤・仙骨・臀部

Upper extremity（上肢）
11. Shoulder/clavicle 肩・鎖骨
12. Upper arm 上腕
13. Elbow 肘
14. Forearm 前腕
15. Wrist 手関節
16. Hand 手
17. Finger 指
18. Thumb 母指

Lower extremity（下肢）
21. Hip 股関節
22. Groin 鼠径部
23. Thigh 大腿
24. Knee 膝
25. Lower leg 下腿
26. Achilles tendon アキレス腱
27. Ankle 足関節
28. Foot/toe 足部・足趾

• IOCによるケガの種類や診断の分類

1. Concussion（regardless of loss of consciousness）脳震盪（意識障害を認めない）
2. Fracture（traumatic）骨折
3. Stress fracture（overuse）疲労骨折（オーバーユース）
4. Other bone injuries その他の骨損傷
5. Dislocation, subluxation 脱臼・亜脱臼
6. Tendon rupture 腱断裂
7. Ligamentous rupture with instability 靭帯断裂（不安定性あり）
8. Ligamintous rupture without instability 靭帯断裂（不安定性なし）
9. Sprain（injury of joint and/or ligaments）捻挫（関節 and/or 靭帯）

10. Lesion of meniscus or cartilage
    半月板もしくは軟骨損傷
11. Strain/muscle rupture/tear
    筋挫傷・肉ばなれ・筋断裂
12. Contusion/heamatoma/bruise 打撲・血腫・挫傷
13. Tendinosis/tendinopathy
    腱炎・腱周囲炎
14. Bursitis 滑液包炎
15. Laceration/abrasion/skin lesion
    裂傷・擦り傷・皮膚損傷
16. Dental injury/broken tooth
    歯の損傷
17. Nerve injury/spinal cord injury 神経損傷・脊椎損傷
18. Muscle cramps or spasm
    筋痙攣もしくはスパズム
19. Others その他

• IOC によるケガの原因の分類

1. Overuse（gradual onset）
   オーバーユース（徐々に発症）
2. Overuse（sudden onset）
   オーバーユース（突然発症）
3. Non contact trauma
   非接触型損傷
4. Recurrencce of previous injury 過去の傷害の再発
11. Contact with another athlete
    接触損傷（他の選手と接触）
12. Contact:moving object
    接触損傷（動いている物に接触）
13. Contact:stagnant object
    接触損傷（動いていない物に接触）
14. Violation of rules
    ルール違反
21. Field of play condition
    フィールドのコンディション
22. Westher condition 天候
23. Equipment failure
    用具の故障
24. Other その他

• NCAA による身体部位の分類

1. Head 頭部
2. Eye(s) 眼
3. Ear 耳
4. Nose 鼻
5. Face 顔
6. Chin 下顎
7. Jaw(TMJ) 上顎
8. Mouth 口
9. Teeth 歯
10. Tongue 舌
11. Neck 頚

12. Shoulder 肩
13. Clavicle 鎖骨
14. Scapula 肩甲骨
15. Upper arm 上腕
16. Elbow 肘
17. Forearm 前腕
18. Wrist 手首
19. Hand 手
20. Thumb 母指
21. Finger(s) 手指
22. Upper back 上背部
23. Spine 脊柱
24. Lower back 下背部
25. Ribs 肋骨
26. Sternum 胸骨
27. Stomach 腹部
28. Pelvis,hips,groin
    骨盤、股関節、鼠径部
29. Buttocks 殿部
30. Upper leg 大腿
31. Knee 膝
32. Patella 膝蓋骨
33. Lower leg 下腿
34. Ankle 足関節
35. Heel/Achiles' tendon
    踵・アキレス腱
36. Foot 足部
37. Toe(s) 足趾
38. Spleen 脾臓
39. Kidney 腎臓
40. External genitalia 外生殖器
41. Coccyx 尾骨
42. Breast 胸部
99. Other その他

• NCAAによるケガの種類の分類

1. Abrasion 擦り傷
2. Contusion 挫傷
3. Laceration 裂創
4. Puncture wound 刺傷
5. Bursitis 滑液包炎
6. Tendinitis 腱炎
7. Ligament sprain (incomplete tear) 靭帯部分断裂
8. Ligament sprain (complete tear) 靭帯完全断裂
9. Muscle-tendon strain (incomplete) 筋腱部分損傷
10. Muscle-tendon strain (complete) 筋腱完全損傷
11. Torn cartilage 軟骨損傷
12. Hyperextension 過伸展
13. AC separation
    肩鎖関節脱臼
14. Dislocation (partial) 亜脱臼
15. Dislocation (complete) 脱臼
16. Fracture 骨折
17. Stress fracture 疲労骨折
18. Concussion 脳震盪

19. Heat exhaution
    軽度の熱中症（熱疲労）
20. Heatstroke　熱中症
21. Burn　火傷
22. Inflammation　炎症
23. Infection　伝染病
24. Hemorrhage　大出血
25. Internal injury
    (nonhemorhage)　内出血
26. Nerve injury　神経損傷
27. Blisters　水疱
28. Boil(s)　おでき
29. Hernia　ヘルニア
30. Foreign object in body orifice
    開口部への異物侵入
31. Avuision(tooth)　抜歯
99. Other　その他

- **NCAA によるケガの原因の分類（バレーボールの例）**

1. Injured player coming down on another player
   攻撃中のケガ
2. Another player coming down on injured player
   守備中のケガ
3. Other contact with another player
   相手プレーヤーとのその他の接触
4. Contact with net
   ネットに接触
5. Contact with standard
   ポールへの接触
6. Contact with floor　床に接触
7. Contact with ball
   ボールに接触
8. Contact with out-of-bounds observers
   コート外のオブザーバーに接触：チーム、ファン、メディア、チアリーダーなど
9. Contact with out-of-bounds apparatus
   コート外の障害物などに接触：テーブル、観客席、カメラなど
10. No apparent contact
    明らかな接触なし
99. Other　その他

- **IRB による身体部位の分類**

head/face　頭部・顔面
neck/cernical spine　頚部・頚椎
sternum/ribs/upper back
　胸骨・肋骨・上背部
abdomen　腹部
low back　腰部
sacrum/pelvis　骨盤・仙骨

shoulder/clavicle 肩・鎖骨
upper arm 上腕
elbow 肘
forearm 前腕
wrist 手関節
hand/finger/thumb
    手・指・母指

hip/groin 股関節・鼠径部
anterior thigh 大腿前面
posterior thigh 大腿後面
knee 膝
lower leg/Achlles tendon
    下腿・アキレス腱
ankle 足関節
foot/toe 足・足趾

- **IRB によるケガの種類の分類**

Concussion（with or without
    loss of consciousness）
    脳震盪（意識喪失があるか
    どうかにかかわらず）
structural brain injury
    構造的な脳損傷
spinal cord compression/
    transection 脊髄圧迫・離断
fracture 骨折
other bone injury
    その他の骨損傷

dislocation/subluxation
    脱臼・亜脱臼

sprain/ligament injury
    捻挫・靭帯損傷
lesion of meniscus, cartilage or
    disk 半月板・軟骨・椎間板
muscle rupture/strain/tear/
    cramps
    筋断裂・筋挫傷・筋損傷・
    筋痙攣
tendon injury/rupture/
    tendinophathy/bursitis
    腱損傷・腱断裂・腱障害・
    滑液包炎
haematoma/contusion/bruise
    血腫・打撲傷・打撲
abrasion 擦過傷

laceration 裂傷
nerve injury 神経損傷
dental injury 歯牙損傷
visceral injury 内臓損傷
other injury その他

傷害調査には「定義」が必要

　この章では傷害調査の基本となる「定義」について考えてみましょう。2章の分類項目に沿って傷害調査を行う際に、まずは傷害に関するさまざまな定義について明らかにしなければなりません。何日以上休んだら傷害としてカウントするのか、外傷と障害ではそれぞれどのような定義が存在するのか、誰が判断したものを傷害として記録するのかなど、傷害調査を行ううえで重要な項目についての定義を明らかにしないと、収集したデータにバイアスがかかってしまいます。明確な定義に沿ってデータを正しく収集することは、現状を正しく把握するうえで最も重要なことになりますし、他競技や他チームとの比較を行ううえでも非常に重要なポイントになります。傷害、再受傷、慢性障害（オーバーユース）、接触型損傷と非接触型損傷、重症度などの定義について説明します。

傷害の定義

　スポーツ現場で発生する傷害には、擦り傷のように傷の処置をしっかりと行えばすぐに復帰できるような傷害から、ACL損傷のように復帰まで半年以上を要する傷害まで、種類はさまざまです。そもそも傷害調査における「傷害」とはどのように定義されているのでしょうか。「傷害」に関しては、調査方法によって少々異なる部分もあるので、いくつか紹介します。

　まずラグビーで示されている傷害調査の方法によると、医療行為を受けた傷害を「Medical attention injury」、練習や試合に参加することが

できない傷害を「Time loss injury」と分けて定義しています。この「Medical attention injury」は医療行為が行われた傷害を示すことから、医療行為を受けたが練習や試合には休むことなく参加したときは、「Medical attention injury」の重症度（Severity）を0日として記録することになります。これに対し「Time loss injury」は1日以上練習や試合に参加できなかったものと定義されています。たとえば、試合中に発生した擦過傷を試合後に医療処置した場合は、試合には参加できたことから「Time loss injury」ではなく「Medical attention injury」に分類されます。また12カ月以上の重度な機能的傷害は「Non-fatal catastrophic injury（非致死的な大ケガ）」と分類しています。主に脳や脊髄損傷などがこれに含まれます。一過性の神経障害（バーナー症候群など）は、この「Non-fatal catastrophic injury」には分類されていません。

　サッカーの傷害調査の方法は、ほぼラグビーと同様の定義がなされていますが、「疾病・疾患・精神疾患」の扱いについても詳細に示され、通常の傷害報告とは別の書式で報告するように説明されています。

　NCAAによる傷害の定義は下記の通りです。
1) 大学で認められた練習や試合に参加した際に発生した傷害。
2) チームのアスレティックトレーナーやチームドクターが医療行為を必要とした傷害。
3) 選手が練習や試合に参加する際に、何らかの制限が受傷したその日から1日以上認められた場合。

　また、もし受傷した次の日がオフだった場合は「アスレティックトレーナーが直接選手に、練習や試合に参加することができる状態かどうか確認する」と記述されています。また「Time loss」は、傷害が発生してから受傷する前の状態に戻るまで要した時間と定義されています。

　IOCによる傷害の定義は、試合や練習中に生じた、治療を必要とする傷害で、詳細は以下の5つを挙げています。
1) 医療行為を受けた全ての傷害（時間の損失やパフォーマンスの低下を問わず）。

2) 新たに発生した傷害（既往歴やリハビリテーションを行っていない傷害）。
3) 試合や練習で発生した傷害。
4) トーナメントの期間中に発生した傷害。
5) 疾病・疾患は除外する。

　傷害調査は新たに発生した傷害を記録するもので、サッカーやラグビーと同様に、既存の傷害や、完全に修復しないケガは記録しません。過去に受傷したが完全復帰した後、再度同じ部位、同じ種類の傷害が発生した場合は、再受傷として記録することになります。

　先行研究では、「Medical attention Injury」と「Time loss injury」のどちらか、もしくは両方を記録しているものが多いと思います。傷害調査を行う目的を踏まえ、どのような傷害を傷害調査として記録するのかについて事前に明確することが重要です。

再受傷の定義

　傷害調査を行う際、新規の傷害か、再受傷かについて分類している先行研究もよく目にします。スポーツ現場では早期復帰は重要ですが、早期復帰しても再受傷が多発するのであれば復帰の判断やアスレティックリハビリテーションの内容を再検討する必要があります。前述の傷害の定義の部分でも「再受傷」という言葉が出てきましたが、どのように定義されているでしょうか。また再受傷の分類についてはどのような考え方があるでしょうか。多くの先行研究では「再受傷」をケガから選手が完全復帰した後、再度同じ種類、同じ部位で発生した傷害と定義されています。

　ラグビーやサッカーで示されている傷害調査の定義では、「再受傷」は2カ月以内に再発した傷害を「Early recurrence」、2カ月から12カ月以内に再発した傷害を「Late recurrence」、1年以上経過した後に再発した傷害を「Delayed recurrence」と分類しています。とくに「Early recurrence」は復帰後すぐの再受傷なので、問題となるケースが多々あります。またラグビーでは、かつて縫合した箇所が試合や練習中に再度

開放損傷した場合も、再受傷として分類するように定義しています。

慢性障害（オーバーユース）の定義

　スポーツ現場で発生する傷害には、打撲のように一度の外力により発生した外傷から、腰痛のように繰り返しストレスが加わることにより発生する慢性障害まで、さまざまな発生パターンが考えられます。ではこの慢性障害はどのように定義されているでしょうか。

　IOCが示した定義によると、オーバーユースは原因が特定できず、微細な外傷が繰り返し起こることによって発生する傷害であるとしています。とくに練習や試合に参加できない具体的な日数などは示されていません。分類としては、慢性障害を「Gradual onset（徐々に発生）」と「Sudden onset（突然発生）」に分類しています。

接触型損傷と非接触型損傷の定義

　発生した傷害が接触型損傷か非接触型損傷かを分類することは傷害予防に非常に役立ちます。非接触型損傷は接触を伴わない傷害なので、発生リスクの多くは選手の内的要因が影響している可能性があると考えられます。では接触型損傷や非接触型損傷はどのように定義されているでしょうか。

　IOCが示した定義によると、接触型損傷（Contact損傷）とは、他の選手、動いている物体（ボール・アイスホッケーのパックなど）、静止している物体（ゴールポストなど）に接触したことにより発生した傷害であると示されています。したがって傷害の分類も「Another Athlete（他の選手との接触）」「Moving object（動いている物体に接触）」「Stagnant object（静止している物体に接触）」とに分けています。ルール違反による傷害（ラフプレーなど）については、接触型損傷（Contact損傷）に分類してしまいそうですが、IOCではルール違反は接触型損傷（Contact損傷）に含めません。そこでIOCでは項目の1つに「Violation of rules（ルール違反）」を設けています。非接触型損傷（non-contact損傷）に、転倒のように人や物に接触せずに起こった傷害であると定義

されています。

重症度の定義

　サッカーで示されている「重症度」の定義は、受傷日から試合や練習に完全復帰するまでに要した日数と記述されています。この場合、受傷した日は0（0日目）とし、重症度の計算では数えません。受傷した次の日の練習や試合に完全復帰できない場合は1日と計算します。もし受傷した傷害によって競技からの引退をした場合は、「career ending injury」とし、別に報告するように示されています。また、傷害が完治する前に、受傷した選手がリタイヤした場合や、調査そのものが終了した場合は、担当医は選手が完全に練習に復帰するまでにかかる日数を推定しなければならないとも示しています。

傷害の判断・傷害調査の記録者

　誰が傷害と判断するかという部分も非常に重要です。たとえば選手自身が判断した場合、医学的な診断はできないので、病態把握や疾患名が非常に曖昧になります。受傷後、どの程度練習や試合を休むか、どの程度で復帰するかについては、もちろんチーム事情も影響しますが、医師やアスレティックトレーナーなどによる判断と選手自身のみによる判断では、その数字の意味合いが大きく異なってくると考えられます。ドクターもしくはアスレティックトレーナーが判断するほうが、調査の信頼性は高くなります。

　ちなみにIOCが示した定義によると、正確な情報を得るために、傷害の診断と報告は認定された医療関係者（チームドクター、理学療法士、トレーナーなど）によって行うべきであるとしています。またNCAAでは、傷害調査に関するデータ収集は、アスレティックトレーナーを通して行うことと定めています。

　ここではいくつかの「定義」について説明しました。先行研究を調べてみると、IOC、サッカー、ラグビー、NCAAなどの定義を引用しているものを多く目にしますが、これらの傷害調査方法にはない項目・方法

を追加する場合は、自身でその項目・方法に対する定義を明確にしています。傷害調査を行う前に、それぞれの項目・方法の定義を明らかにすることで、その調査から得られた数字の意味もより明確になります。また他チームや他競技種目と傷害調査結果を比較検討する際は、定義が共通なのか確認する必要があります。先行研究を見る際、どうしても結果や考察に注目しがちですが、傷害調査の定義を確認することも重要です。

[参考文献]
1) CW Fuller, et al.: Consensus statement on injury definitions and data collection procedures for studies of injuries in rugby union. Br J Sports Med 41 (5): 328-31. 2007
2) CW Fuller, et al.: Consensus statement on injury definitions and data collection procedures in studies of football (soccer) injuries. Br J Sports Med 2006; 40: 193-201.
3) Junge A et al.: Injury surveillance in multi-sport events: the International Olympic Committee approach. Br J Sports Med. 2008 Jun; 42 (6): 413-21
4) Dick R, et al.: National Collegiate Athletic Association Injury Surveillance System Commentaries: Introduction and Methods J Athl Train. 2007 Apr-Jun; 42 (2): 173-82.

傷害発生率を算出する

　これまでに傷害調査の基本となる「定義」、そして「傷害調査項目」について説明しました。傷害調査を行ううえで、事前に傷害調査の「定義」を明らかにし、傷害調査の目的に合った「調査項目」を検討することが大変重要であることは、すでに理解いただけたと思います。では、事前に検討すべき内容として、ほかにはどのようなものが挙げられるでしょうか。

　傷害調査を行うことで、対象となるスポーツ現場で発生した傷害の発生件数などが明らかになります。「年間で何件傷害が発生した」という数字は非常に重要ですが、練習・試合の回数や時間、選手数などの因子が大きく影響するため、その数字の持つ意味がわかりにくくなります。たとえば、100名の選手が在籍しているチームで年間50件の傷害が発生しているのと、30名の選手が在籍しているチームで年間50件の傷害が発生しているのとでは、同じ50件でも意味（傷害発生率）が異なります。

　そこで傷害調査では「傷害発生率（Injury rate）」を算出し、その傷害の危険度を具体的にする手法が多く用いられています。さまざまな傷害調査に関する先行研究を調べてみると、この「傷害発生率」の算出方法は、いくつかの手法が採用されています。どの手法を選択するかについては、競技特性や傷害調査の目的などを踏まえて決定するとよいでしょう。たとえば、他チームや他競技種目などと傷害発生率の比較を行うことをひとつの目的としているのであれば、比較するデータと「傷害発生率」の算出手法を統一しなくては正しい比較・検討はできません。

　「傷害発生率」を算出するうえで必要になる項目も手法によって異な

主な傷害発生率の算出手法

(1) Athlete-hours
1人の選手が1時間スポーツ活動することを単位とすることで、総活動時間に対する発生率を検討することができる。

(2) Athlete-exposures
1人の選手が1回の練習または試合を行うことを単位とすることで、練習または試合での発生率を求めることができる。

(3) Athletes
外傷人数（件数）を求めたもので、1年間当たりの外傷総数を理解しやすい。

るので、傷害調査を行う前にその算出手法を決定し、それに必要な項目をデータとして残す必要があります。

この章では「傷害発生率」の考え方、そして算出方法について具体的に説明していきます。

傷害発生率の算出方法

(1) Athlete-hours

Athlete-hoursは、「1人の選手が1時間活動することを単位にし、総時間に対する傷害発生率を求める」方法です（文献1）。現在傷害調査で非常に多く用いられている手法のひとつです。この手法は時間当たりの傷害発生率を算出できるので、練習や試合に参加している選手の数、練習や試合の回数や時間などの影響を受けません。したがって、練習に参加する選手数や練習時間、試合の回数などが異なるチームであっても傷害発生率を比較することが可能となります。

この手法で「傷害発生率」を算出する場合、傷害発生件数だけではなく、練習や試合に費やした「時間」と、それに参加した「人数」が必要になるので、練習や試合のたびに「時間」と「参加選手数」を記録しな

ければなりません。とくに練習ではケガによる参加人数の増減があるので、毎日詳細な記録を残す必要があります。

　ちなみにこの総時間を傷害調査では「Exposure Time」という言葉で表します。サッカー、ラグビー、バスケットボールなどの試合では、出場する選手数や、1試合に要する時間は決まっているので、この「Exposure Time」は比較的算出しやすいとは思いますが、バレーボールや野球などでは1試合に要する時間が試合によって異なるので、この算出方法を用いる場合は、試合時間も記録する必要が出てきます。

　現在行われている先行研究では、1000 athlete-hours（player-hours）当たりの傷害発生率を算出しているものが多く見られます。○件／1000AHや、○件／1000PHと表記します。

（2）Athlete-exposures

　陸上競技には、短距離走や投擲など単純に時間で重みづけができない種目もあるかと思います。その場合には、「Athlete-exposures」という考え方を用いるとよいでしょう。

　これは、「1人の選手が1回の練習または試合を行うことを単位にし、傷害発生率を求める」方法です（文献1）。この手法には時間という概念（次元）が含まれていないので、1時間の練習であっても、3時間の練習であっても、1回の練習は1回として算出した数値であるということを認識しなければなりません。この手法を用いる場合は、傷害発生件数のほかに、練習や試合の「回数」、練習や試合に参加した「人数」が必要になるので、それらの項目を記録することが重要です。

　この「Athlete-exposures」は、NCAAで長年使用されている手法です。NCAAではさまざまな競技種目を統一した手法で傷害調査を行っています。したがってあらゆる競技種目に対応できる手法としてこの「Athlete-exposures」が採用されているのではないかと思います。バスケットボールやアメリカンフットボールなど試合時間が明確な競技であっても、NCAAに関連した傷害調査との比較を目的とするのであれば、この「Athlete-exposures」という手法で傷害発生率を算出することが望ましいでしょう。

　現在行われている先行研究においても、種目によっては1000 athleteexposures当たりの傷害発生率を算出しているものが少なくありません。○件／1000AEsなどと表記します。

(3) Athletes（Number）

Athletes（Number）は「傷害発生件数を示したもので、年間当たりの傷害発生件数をダイレクトに理解しやすい」手法です（文献1）。ただし練習や試合の回数や時間、選手の参加人数は反映されていないため、他チームや他競技との比較には不向きな手法ともいえます。わかりやすくいうと、同じチームで昨年より傷害発生件数が減少したとしても、選手の数が昨年よりも少なければ、1人当たりの傷害発生率が下がったとはいえません。

前述の「Athlete-hours」や「Athlete-exposures」では、この「Athletes」は必ず算出する必要があります。論文などでは（N）と表記されています。

(4) パーセント（％）

パーセントによる傷害発生率の算出手法は古くから用いられているもので、全傷害発生件数に対する割合を百分率で示したものです。どのような部位に傷害が発生しやすいのか、どのようなポジションの傷害が多いのかというように、発生した傷害全体に対する割合は非常にわかりやすく示せる手法です。しかし、練習時間や試合の回数、練習や試合に参加した選手の数は反映されていないので、時間当たりや回数当たりの傷害発生頻度を明らかにすることはできません。

競技特性として「どのような部位に傷害が多く発生しているか」などを明らかにする際には、わかりやすい手法だと思います。

(5) その他の手法

ほかにもいくつかの傷害発生率の算出手法があります。日本体育協会スポーツ医・科学専門委員会が報告している「日本におけるスポーツ外傷サーベイランスシステムの構築」では、外傷の発生件数に加え、外傷発生頻度を「部員10万人当たりの1年間の発生件数（○件／10万人／年）」として算出しています（文献2）。

傷害発生率として算出できる項目の一例

　先行研究で傷害発生率を算出している分析項目は、非常に多岐にわたります。事前に調査項目をしっかりと検討し、必要な情報さえ整っていれば、あらゆる観点から傷害発生率が算出できるということです。いくつか例に挙げると下記の通りになります。

試合および練習における傷害発生率
部位別傷害発生率
重症度別傷害発生率
傷害の種類別傷害発生率
傷害の原因別傷害発生率
重症度別傷害発生率
受傷時のプレー別傷害発生率
ポジション別傷害発生率
学年別傷害発生率
月別傷害発生率など

傷害調査を行ううえで注意すべき点

　そのほか、傷害調査を行ううえで注意すべき点として、倫理的な問題が挙げられます。選手のケガは選手本人にとっても、チームにとっても非常に重要な個人情報になります。第三者へ受傷した選手のデータが漏れることは絶対に防がなければなりません。
　紙ベースで記録を残す方場合、記録用紙の保管方法には十分な注意が必要です。またパソコンを使用してデータを残すのは今日一般的な手法ですが、パスワードをかけて第三者が勝手に閲覧できないように十分な配慮が必要です。データをUSBなどに保存する場合は、その取り扱いや保管方法についても十分な検討が求められます。

COLUMN

Athlete-hours（AH）とAthlete-exposures（AEs）の違い

例題：ラグビーの試合と練習の傷害発生率を比較する。これをAHで算出した場合とAEsで算出した場合、どのような違いがあるのでしょうか？

設定
試合数20試合／傷害発生件数10件／1試合の時間80分／毎試合の参加人数15名

練習数150回／傷害発生件数30件／1回の練習時間3時間／各回の練習参加人数60名

傷害発生率の算出方法
■件／1,000AH ＝ 活動時間 × 活動参加人数 × 活動回数 × 1,000
■件／1,000AEs ＝ 傷害数 ÷ （活動参加人数 × 活動回数） × 1,000

AH（試合）：
　80（分）÷ 60 × 15（人）× 20（試合数）＝ 400
　10（件）÷ 400 × 1,000 ＝ 25件／1,000AH

AEs（試合）：
　15（人）× 20（試合数）＝ 300回
　10（件）÷ 300 × 1,000 ＝ 33.33件／1,000AEs

AH（練習）：
　3（時間）× 60（人）× 150（練習数）＝ 27,000
　30（件）÷ 27,000 × 1,000 ＝ 1.11件／1,000AH

AEs（練習）：
　60（人）× 150（練習数）＝ 9,000回

30（件）÷ 9,000 × 1,000 ＝ 3.33件／1,000AEs

　この結果からAHで試合と練習を比較した場合、試合時の傷害発生率は練習時の約22.52倍となりますが、AEsで試合と練習を比較した場合、試合時の傷害発生率は練習時の約10倍となります。傷害発生率が約10倍と約22.5倍では印象も大きく異なってくると思います。
　このようにデータを見る際はどのような手法で傷害発生率を算出しているか確認し、その数字の持つ意味を正しく理解する必要があると感じます。

［参考文献］

1) Sports Physical Therapy Seminar Series ①　ACL傷害予防プログラムの科学的基礎、NAP　Limited
2) 平成24年度　日本体育協会スポーツ医・科学研究報告Ⅰ　日本におけるスポーツ外傷サーベイランスシステムの構築―第3報―　公益財団法人日本体育協会　スポーツ医・科学専門委員会
3) CW Fuller, et al.: Consensus statement on injury definitions and data collection procedures for studies of injuries in rugby union. Br J Sports Med 41 (5): 328-31. 2007
4) Dick R, et al.: National Collegiate Athletic Association Injury Surveillance System Commentaries: Introduction and Methods J Athl Train. 2007 Apr-Jun; 42 (2): 173-82.

5 システム開発に向けた取り組み

　傷害調査は傷害予防や競技力向上、さらにはトレーナー活動への取り組みに対する評価など、多様な目的で活用することができます。したがって多くの競技、多くのチームがこの傷害調査に取り組んで、さまざまな角度から現状の問題点を明らかにすることができれば、チームとして取り組むべき課題が明確になるだけでなく、スポーツ界にとっても非常に有益な情報が得られると感じております。しかし現状はどうでしょうか。近年では国内でも傷害調査に関する報告が増えつつありますが、まだ報告数の少ない競技や種目もたくさんあります。この背景には、傷害調査の意義や方法論について理解が十分でないこともひとつの要因として考えられますが、それ以外にも影響している要因があるではないかと感じています。

　たとえば、傷害調査は毎日継続的に記録を残すことが重要ですが、継続して記録することが何らかの理由で難しいのであれば、その問題について検討・改善していく必要があります。

　傷害予防に取り組む第一歩としての「傷害調査」をスポーツ界に広げるためには、実施する際に起こり得る諸問題に対して、どのように対処し解決するかは非常に重要です。その一助になればと思い「スポーツ傷害調査支援システムSIRIUS」というアプリを開発しました。ここからはそのシステム開発に向けた取り組みと具体的な内容を中心に紹介していきます。

開発の背景

　月刊『トレーニングジャーナル』2013年7月号で「使えるデータをつくろう」という特集が組まれ、「世界の基準に対応した傷害調査」というタイトルで、スポーツ現場における傷害調査について紹介しました。その結果「傷害調査について興味を持った」という反響がありましたが、同時に「具体的にどのように傷害調査を進めていけばよいか、わからない」「重要性はわかったが実際に行うことは難しそう」「スポーツ現場は非常に忙しいため、実際に傷害調査を行うにはストレスが大きそう」という声も聞かれました。

　実際、スポーツ現場に研究者が常に帯同しているチームはほとんどありません。そうなると傷害調査を行うのはアスレティックトレーナーや監督・コーチをはじめとするチームスタッフの方々になります。その方々は日常業務が多忙なため、複雑で手間のかかる作業を継続することは非常に大きなストレスになります。傷害調査は記録に残せる日だけでよいというものではなく、シーズンを通じて毎日記録を取り続けなければなりません。世界的なスタンダードに沿った傷害調査をできるだけストレスなく簡単に実施できる方法を示すことが「継続」するために重要となります。

　さらに「情報管理」の問題も挙げられます。傷害調査で得られる情報は重要な個人情報となりますから、「情報管理」についても十分な検討が必要です。第三者に情報が漏れることを防ぐために、記録用紙を用いて情報収集する場合においても、パソコンを利用してデータ収集する場合においても、何らかの対応が必要です。「情報管理」を確実に行うことは非常に重要ですが、必要以上に複雑化してしまうと大きなストレスになり、「継続」が困難となります。「情報管理」は確実であることが最優先ですが、現場のストレスをいかに軽減し、確実に管理できるかが、重要なポイントのひとつになります。

今までの傷害調査に関する問題点

　国内における傷害調査に関する先行研究を調べてみたところ、パーセ

ンテージ（％）で示す調査手法が多く、各調査項目の分類も競技やチームによって異なるものが散見されました。

そのような中、国際的には2007年に「Consensus statement on injury definitions and data collection procedures for studies of injuries in rugby union」、「National Collegiate Athletic Association Injury Surveillance System Commentaries: Introduction and Methods」、さらに2008年には「Injury surveillance in multi-sport events: the International Olympic Committee approach」という論文などが発表されました。この時期に現在も傷害調査で多く活用されている調査方法が確立してきたのではないかと思います。傷害調査を「傷害予防の第一段階」として位置づけている論文も発表されたので、傷害予防などを研究している研究者の方々は国際的に活用されている傷害調査方法について理解を深めていったと思いますが、スポーツ現場ではまだまだこれらの認知度が低かったように感じました。

国際基準に沿った傷害調査方法は「難しく、実務的な負荷が高い」というようなイメージを持たれる方も少なくありませんが、このような問題に対し海外では、国際基準に沿った傷害調査を簡易的に実施できるアプリが開発されています。

しかし現在でも日本国内にはそのようなアプリはまだ存在しないため、実際に傷害調査を行う場合、それぞれのチームでシステムを工夫して実施しているのが現状です。このような現状を踏まえ、「傷害調査」のシステムを整えることは、スポーツ界で「傷害調査」を広げていくためには重要なことであると実感しました。

開発の目的

国際基準に沿った「傷害調査」をスポーツ界により浸透させるうえで、今後取り組むべきいくつかの問題点は、理解いただけたでしょうか。

我々はこれらの問題に対し「簡易的」かつ「情報管理の安全性が高い」ツールを開発することで、傷害予防の第一段階である傷害調査がより身近なものになるのではないかと考え「スポーツ傷害調査支援システ

ムSIRIUS」を開発しました。

　また「傷害調査」を手軽に行うための条件として、予算的な問題も挙げられます。素晴らしいシステムであっても、高額な予算を必要とするシステムでは身近なものにはなりません。「調査方法が世界基準に沿っていること」「操作方法が比較的簡単であること」「情報管理のセキュリティが十分に保たれていること」に加え、「経済的な負担が少ないこと」も傷害調査を身近に感じるためには重要です。

開発のポイント

　「スポーツ傷害調査支援システムSIRIUS」の開発にあたっては以下の項目をポイントとしました。

1) 世界的に用いられている調査方法（定義・調査項目・項目の分類）に準拠している。
2) 傷害調査を行う目的によって、自由に記録する項目を追加できる。
3) 操作方法が簡単で、簡易的に記録を残すことができる。
4) 傷害発生率算出に必要となる項目を正確に記録できる（Athlete-hours、Athlete-exposures）。
5) Athlete-hoursやAthlete-exposuresの算出が容易である。
6) 重症度を数字として簡易的に算出できる。
7) 個人ごとの出欠記録も閲覧できる。
8) 個人情報となる傷害調査データを守ることができる（パスワードがある）。
9) インターネットに接続できる環境であればどこからでも記録を残すことができる。
10) 異なる場所にいる監督やスタッフでも、パスワードを共有していればインターネットを用いて閲覧可能である。
11) 廉価で使用できる。

記録したデータから得られる内容

　「スポーツ傷害調査支援システムSIRIUS」では記録したデータから、

以下の項目について明らかにすることが可能です。また前述した通り、項目を自由に追加することもできるので、この自由項目を活用することでさらに多くのことを明らかにすることができるでしょう。

1) Athlete-exposure／Athlete-hours
2) 試合と練習の傷害発生率（数）
3) 月別傷害発生率（数）
4) 学年別傷害発生率（数）
5) ポジション別傷害発生率（数）
6) 部位別傷害発生率（数）
7) 傷害の種類別傷害発生率（数）
8) 重症度
9) 試合中における傷害発生の時間帯
10) 再発率（数）
11) プレー（Activity）別傷害発生率（数）
12) 受傷機転別傷害発生率（数）

自由記入項目の一例としては、ファールの有無やフィールド内の受傷場所などが挙げられます。ファールに関連したケガがどの程度発生しているのかという項目や、フィールド内でどのエリアでのケガが多いのかを調査している研究もありますので、傷害調査でどのような調査をしたいのかによって自由に項目を増やせるようにしました。

「SIRIUS」の使い方（1）
基本設定と、傷害調査の流れ

　それでは実際の使用方法について紹介していきます。まずはこのウェブアプリを使用するために必要となる「基本設定」、そして「傷害調査を行う流れ」について説明します。

基本設定

（1）アドレスとパスワードの設定

　最初に登録アドレスとパスワードを設定します。これはログインする際に必要となる重要な情報です。したがってこの登録アドレスやパスワードは管理が必要になります。チームで複数名の方が傷害調査を担当する場合や、チームスタッフも確認できるようにするのであれば、担当者・スタッフ間でこれらの情報を共有することになります。

（2）競技種目を選択する

　このシステムでは、いくつかの選択肢から競技種目を選ぶことができます。国際基準に沿った傷害調査手法といっても、競技種目によって分類項目が少々異なることがあります。ラグビー、サッカー、アメリカンフットボール、オリンピックなどいくつかの競技・大会については先行研究から分類方法が明確に示されているので、そのような競技であれば競技種目を選択することで、その競技種目で国際的に用いられている分類方法が自動的に反映されるようになっています。

　もし該当する競技種目がない場合は、汎用という項目がありますので、そちらを選択するとよいと思います。

(3) 選手登録

　チームに所属する選手の「名前」「ポジション」「学年」を登録します。傷害調査を行う際、これらの情報は重要な情報になります。また個人情報に配慮して、選手の名前ではなく番号などで表記する場合もあります。チームの考え方によって登録に関するルールを決めておくことが重要です。実際に傷害調査を行う際は、名前（No）を選択すると前述の情報はそのまま反映されますから、何度も情報を記入する作業も省けます（参考資料6-1）。

(4) 自由記入項目の設定

　傷害調査を行う目的によって、項目を追加できます。基本的な傷害記録の項目としては「受傷日」「診断名」「部位」「ケガの種類」「左右」「新規・再発」「受傷時のプレー」「受傷機転」「受傷の時間帯」「試合・練習」「天候」「サーフェス」から構成されているので、それ以外で調査したい項目があれば事前に登録するとよいでしょう。

傷害調査の流れ

　ここまでが基本設定に必要な事項となります。それでは実際に傷害調査を行う際の流れについて説明します。

(1) 傷害記録

　ケガが発生した場合、「新規受傷入力」をクリックし該当する選手を選択すると、入力画面が出てきます（参考資料6-2）。この入力画面は前述の通り、競技種目を事前に選択することで、その競技種目において国際的に用いられている傷害調査手法に沿った分類が示されていますから、当てはまる項目にチェックを入れるだけという、非常に簡単な方法です。また診断名が明確な場合は医師による診断結果を記録に残すことも可能です。

(2) 傷害記録の閲覧と復帰日の入力

　入力された傷害記録は、「一覧・復帰日入力・編集」をクリックする

ことで自分が記載した内容に間違いがないか確認することができます（参考資料6-3）。そして選手がケガから復帰した際は、この「一覧・復帰日入力・編集」の表内にある「復帰」をクリックします。すると自動的にケガで練習や試合を休んだ期間（重症度）が日数で表されます。受傷から復帰まで何日を要したか、改めて計算しなくても自動的に算出するシステムです。

(3) 出欠入力

　傷害調査から得られたデータから、傷害発生率を算出する際にAthlete-exposuresやAthlete-hoursという手法があることは前述の通りです。これらの手法で傷害発生率を算出する際には、練習や試合に費やした時間と、活動に参加した人数などを正確に記録として残す必要があります。まずは「出欠入力」をクリックすると、出欠や活動時間を入力する画面が表示されます（参考資料6-4）。

　この画面が表示された時点で、すでに日付が自動的に入力されています。ここに24時間制で活動開始時間と終了時間を入力します。あとは選手の名前が下記に表示されていますので、それぞれ出席か欠席にチェックを入れるだけです。これらの入力データは「出欠一覧」をクリックすることで確認することができます（参考文献6-5）。またこの「出欠一覧」を開くと、自動的に累計のAthlete-exposuresやAthlete-hoursも算出され、表示されるシステムとなっています。

　基本的な傷害調査の流れは以上の通りです。ここの記録されたデータは最終的に表計算ソフト（マイクロソフト社製のエクセルなど）へ移すことも可能です。表計算ソフトにデータを移すことで、項目別の傷害記録を簡単に確認することも可能となり、またグラフ化することもできます。選手やチームに結果を報告する際はグラフ化すると非常に伝わりやすいので、データを移すことができる機能は重要です。

その他

　この「SIRIUS」は、デモンストレーション用の架空のチームが存在

しているので、この架空チームのデータを使って、使用方法を確認することができます。

　また、ログイン履歴確認という項目が設定されています。セキュリティ管理の意味でも、ログイン履歴を確認できることは選手やチームの情報を管理するうえで非常に重要です。

　最後に、制作するうえで参考とした文献も「準拠している文献」という部分で明記しています。研究論文を見てみたいという方は、この項目から調べることができます。

　傷害調査を行ううえで問題点に対する改善方法のひとつとして「スポーツ傷害調査支援システムSIRIUS」を紹介しましたが、もちろんご自身でこのようなプログラムを作成することもよいかと思います。先行研究を参考に世界基準に沿った手法を調べ、「傷害調査」がストレスなく継続的に実施できる方法を検討していくことが重要なポイントになります。

参考資料 6-1

n.sunagawaさん | D-RFC | ホーム(チーム切り替え) | 新規受領入力 | 一覧 | 返帰日入力 | 編集 | 出欠入力 | 出欠一覧 | ログアウト

■選手新規登録

分類(入部年など) [　　　] 選手名 [　　　] ポジション [　　　] [新規登録]

選手IDは自動入力されます

■登録選手一覧表示

編集 選手ID:1405 入学年:2012 名前:1 ポジション:PR 状況:表示 非表示にする
編集 選手ID:1406 入学年:2012 名前:2 ポジション:PR 状況:表示 非表示にする
編集 選手ID:1407 入学年:2012 名前:3 ポジション:PR 状況:表示 非表示にする
編集 選手ID:1408 入学年:2012 名前:4 ポジション:PR 状況:表示 非表示にする
編集 選手ID:1409 入学年:2012 名前:5 ポジション:HO 状況:表示 非表示にする
編集 選手ID:1410 入学年:2012 名前:6 ポジション:HO 状況:表示 非表示にする
編集 選手ID:1411 入学年:2012 名前:7 ポジション:LO 状況:表示 非表示にする
編集 選手ID:1412 入学年:2012 名前:8 ポジション:LO 状況:表示 非表示にする
編集 選手ID:1413 入学年:2012 名前:9 ポジション:FL 状況:表示 非表示にする
編集 選手ID:1414 入学年:2012 名前:10 ポジション:FL 状況:表示 非表示にする
編集 選手ID:1505 入学年:2012 名前:11 ポジション:No8 状況:表示 非表示にする
編集 選手ID:1506 入学年:2012 名前:12 ポジション:SH 状況:表示 非表示にする
編集 選手ID:1507 入学年:2012 名前:13 ポジション:SO 状況:表示 非表示にする

(上記のデータは架空のものです)

参考資料 6-2

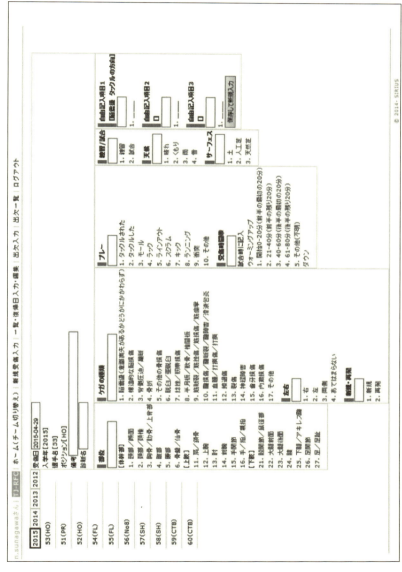

（上記のデータは架空のものです）

sunagawaさん | TJ-RFC | ホーム（チーム切り替え） | 新規受傷入力 | 一覧・復帰日入力・編集 | 出欠入力 | 出欠一覧 | ログアウト

復帰日の「復帰」ボタンで、復帰日（2015-04-29）が登録できます。

並べかえ（ソート）、検索機能は準備中です。

復帰日の登録

受傷日△▽	復帰日	選手名	入学年	ポジション	診断	受傷部位	ケガの種類	左右	新規・再発	オーバーユース・外傷	プレーの種類	受傷機転	ファウル	受傷時間帯	練習/試合	天候	サーフェス	担当医師	応急処置	自由記入項目1	自由記入項目2	自由記入項目3	備考
2015-04-15	復帰	33	2013	CTB	大腿部打撲	大腿前面	血腫／打撲傷／打撲	右	新規		ラック	Contact	無し		練習	晴れ	天然芝						
2015-04-15	復帰	26	2013	No8	足関節捻挫	足関節	捻挫／靭帯損傷	左	新規		ランニング	Non contact	無し		練習	雨	天然芝						

受傷による現役引退を登録する（ここをクリックして展開）

復帰済みの傷害記録

受傷日△▽	復帰日△▽	復帰までの日数（重症度）	選手名	入学年	ポジション	診断	受傷部位	ケガの種類	左右	新規・再発	オーバーユース・外傷	プレーの種類	受傷機転	ファウル	受傷時間帯	練習/試合	天候	サーフェス	担当医師	応急処置	自由記入項目1	自由記入項目2	自由記入項目3	備考
2015-04-03	2015-04-30	27日	26	2013	HO	足関節捻挫	足関節	捻挫／靭帯損傷	右	再発		ステップ	Non contact	無し		練習	雨	天然芝						
2015-04-03	2015-05-05	32日	2	2012	PR	脳震盪	頭部／顔面	脳震盪（意識喪失があるかどうかにかかわらず）	右	新規		タックルした	Contact	無し	0-20	試合	晴れ	天然芝						
2015-04-01	2015-05-03	32日	28	2013	SH	膝MCL損傷	膝	捻挫／靭帯損傷	右	新規		タックルされた	Contact	無し	61-80	試合	晴れ	天然芝						
2015-04-01	2015-04-29	28日	23	2013	HO	足関節捻挫	足関節	捻挫／靭帯損傷	左	再発		ランニング	Non contact	無し		練習	雨	天然芝						

傷害記録を編集する（ここをクリックして展開）

タブ区切りテキストで取得

下のボックス内を一度クリックし、全選択（コントロール＋Aでできます）、コピー（コントロール＋C）して、表計算ソフトなどのうえでセルをクリックしてペースト（コントロール＋V）することで、自由に加工できます。

2015-04-15　0000-00-00　（復帰日未入力）　33　2013　CTB　大腿部打撲　大腿前面　血腫／打撲傷／打撲　右　新規　ラック　Contact　無し　練習　晴れ　天然芝

© 2014- SIRIUS

参考資料 6-3　（上記のデータは架空のものです）

参考資料 6-4

n.sunagawaさん | JPRU | ホーム | (チーム切り替え) | 新規受領入力 | 復帰日入力・編集 | 出欠入力 | 出欠一覧 | ログアウト

入力日 2015-04-21
● 練習 ● 試合

(24段階制でお願いします。午後1時＝13:00、午後6時＝18:00です)
選択肢が表示されない場合は、直接数字を入力してください。
開始時刻～終了時刻 (チーム全体へ一括入力します)
時 [　　] 分 ～ [　　] 時 [　　] 分
[　] 分 選手個別の参加・終了時刻を上の時刻・終了時刻にコピーする
選手個別に時間を調整できます。早く選手の参加・遅れての参加・早く終了など対応可能です。

開始 (時) (分)　　　　　　　終了 (時) (分)
[　] [　]　　　　　　　　　[　] [　]
00　　00　　　　　　　　　 00　　00

入学年	選手名	ポジション	参加・欠席	開始・終了時刻				備考
2012	1	PR	●出席 ●欠席 (例メニューなど)	時	分	~	時	分
2012	2	PR	●出席 ●欠席 (例メニューなど)	時	分	~	時	分
2012	3	PR	●出席 ●欠席 (例メニューなど)	時	分	~	時	分
2012	4	PR	●出席 ●欠席 (例メニューなど)	時	分	~	時	分
2012	5	HO	●出席 ●欠席 (例メニューなど)	時	分	~	時	分
2012	6	HO	●出席 ●欠席 (例メニューなど)	時	分	~	時	分
2012	7	LO	●出席 ●欠席 (例メニューなど)	時	分	~	時	分
2012	8	LO	●出席 ●欠席 (例メニューなど)	時	分	~	時	分
2012	9	FL	●出席 ●欠席 (例メニューなど)	時	分	~	時	分
2012	10	FL	●出席 ●欠席 (例メニューなど)	時	分	~	時	分
2012	11	No8	●出席 ●欠席 (例メニューなど)	時	分	~	時	分
2012	12	SH	●出席 ●欠席 (例メニューなど)	時	分	~	時	分
2012	13	SO	●出席 ●欠席 (例メニューなど)	時	分	~	時	分
2012	14	SO	●出席 ●欠席 (例メニューなど)	時	分	~	時	分
2012	15	CTB	●出席 ●欠席 (例メニューなど)	時	分	~	時	分
2012	16	CTB	●出席 ●欠席 (例メニューなど)	時	分	~	時	分
2012	17	WTB	●出席 ●欠席 (例メニューなど)	時	分	~	時	分
2012	18	WTB	●出席 ●欠席 (例メニューなど)	時	分	~	時	分

(上記のデータは架空のものです)

参考資料 6-5

n.sunagawaさん | □-RFC | ホーム(チーム切り替え) | 新規受傷入力 | 一覧・復帰日入力 | 編集 | 出欠入力 | 出欠一覧 | ログアウト

ホーチームの競技はラグビーであり、「試合」となっている日の算出には、15を用いている。

2015-04-01 練習 13:00〜15:00(2時間) 65人中、65人出席 Athlete Hour 130, Athlete Exposure 65
2015-04-02 練習 16:00〜18:00(2時間) 65人中、60人出席 Athlete Hour 120, Athlete Exposure 60
2015-04-03 試合 12:00〜13:20(1.3時間) 65人中、15人出席 Athlete Hour 20, Athlete Exposure 15
2015-04-05 練習 15:00〜18:00(3時間) 65人中、60人出席 Athlete Hour 180, Athlete Exposure 60
2015-04-06 練習 13:00〜16:00(3時間) 65人中、50人出席 Athlete Hour 150, Athlete Exposure 50
2015-04-07 練習 16:00〜18:30(2.5時間) 65人中、60人出席 Athlete Hour 150, Athlete Exposure 60
2015-04-08 練習 14:00〜16:00(2時間) 65人中、60人出席 Athlete Hour 120, Athlete Exposure 60
2015-04-09 練習 14:00〜16:00(2時間) 65人中、60人出席 Athlete Hour 120, Athlete Exposure 60
2015-04-10 練習 13:00〜16:00(3時間) 65人中、60人出席 Athlete Hour 180, Athlete Exposure 60
2015-04-11 試合 12:00〜13:20(1.3時間) 65人中、15人出席 Athlete Hour 20, Athlete Exposure 15
2015-04-13 練習 14:00〜16:00(2時間) 65人中、65人出席 Athlete Hour 130, Athlete Exposure 65
2015-04-14 練習 14:00〜16:00(2時間) 65人中、62人出席 Athlete Hour 124, Athlete Exposure 62
2015-04-15 練習 12:00〜14:00(2時間) 65人中、62人出席 Athlete Hour 124, Athlete Exposure 62
2015-04-16 練習 14:00〜16:00(2時間) 65人中、60人出席 Athlete Hour 120, Athlete Exposure 60
2015-04-18 試合 13:20〜13:20(1.3時間) 65人中、15人出席 Athlete Hour 20, Athlete Exposure 15
2015-04-20 練習 14:00〜15:30(1.5時間) 65人中、60人出席 Athlete Hour 90, Athlete Exposure 60
2015-04-21 練習 12:00〜14:00(2時間) 65人中、60人出席 Athlete Hour 120, Athlete Exposure 60

合計: Athlete Hour 1918(うち試合 60, 練習 1858), Athlete Exposure 889(うち試合 45, 練習 844)

(上記のデータは架空のものです)

SIRIUSの特徴

スポーツ傷害調査支援システムSIRIUS（シリウス）

　SIRIUS（シリウス）は、2015年1月サービス開始したスポーツ傷害調査支援システムです。下記のような特徴があります。

・パソコン、タブレット端末など、どこからでもアクセス
・基本的な入力はタッチ操作で完了
・ケガが発生した際に素早く情報入力できる
・復帰時にワンクリックで完了、復帰までの日数を自動計算
・蓄積されたデータはテキスト出力可能
・出欠管理でAthlete-hourとAthlete-exposureを算出

どこからでもアクセス
　ウェブブラウザを使ったアプリとなり、ID（メールアドレス）とパスワードでのアクセスできます。そのため、パソコンだけでなく、タブレット端末やスマートフォンなど、インターネットにアクセスできる機器であれば利用いただけます。

入力は簡単に
　データ入力が日常業務の負荷となると、蓄積が進みません。操作もなるべく簡単にできるようにしており、日々の入力はタッチ操作のみで完了できるようにしています。これにより、データ入力が習慣化しやすくなります。
　仮に新しくケガが発生した場合でも、素早くデータ化することができます。
　なお、この際の入力項目は、スポーツの競技・種目により自動的に切り替わるようになっており、それぞれ種目ごとに共通となるため、チーム間での比較検討や、研究論文で発表されたデータとの比較が可能となっています。

選手の状態の変化に追従
　選手がケガをしたという情報は、復帰時に更新するという流れになり

ます。「復帰」のボタンをクリックするだけで、データ上、選手の状態は更新されます。同時に、ケガから復帰までにかかった日数も算出されます。

この傷害調査においては、ケガの程度について、練習や試合に参加できなかった日数を記録する形になっており、それに合わせています。

蓄積されたデータを出力

これまでに入力されたデータは、テキスト形式で出力することが可能です。コンピュータ上で表計算ソフト（マイクロソフト社のエクセルなど）に取り込むことで、グラフ化や並び替えなど、自由に加工できます。

出欠管理

傷害調査において、ケガの件数を把握することも大切ですが、その頻度を把握するうえで、練習や試合などの活動を何時間、何回行ったかということが情報として必要です。出欠管理の機能を使うと、選手の出席・欠席・遅刻・早退を入力することで、これらのデータをもとに、自動的にAthlete-hourとAthlete-exposureが算出されます。

今後の方向性

種目ごとの入力項目の共通化とともに、自由に設定できる枠を設けています。スポーツ現場で活動する中で気がついたことがあったら、ケガが発生した際にその項目を入力しておくことで、何か新しい発見があるかもしれません。

そのほか、日々のコンディショニングチェックシートの仕組みを準備しています。毎日のコンディショニングを、選手自身が入力・送信することができるものです。

簡単に操作ができ、かつ柔軟性の高いシステムとなることを目指しており、これにより、スポーツの場面におけるケガの予防や、パフォーマンス向上の一助となれば幸いです。

■メモ
ウェブアプリ
スポーツ傷害調査支援システムSIRIUS（シリウス）

総 監 修　福林　徹・早稲田大学教授
監　　修　砂川憲彦・帝京平成大学准教授
開発協力　倉持梨恵子・中京大学講師

利用料／月額300円＋税
　　　　　（年額3,000円＋税。年間割引が適用となります）

詳細については、下記ウェブサイトをご覧ください。
http://www.bookhousehd.com/sirius.html

「SIRIUS」の使い方 (2)
調査結果をどのようにまとめ、伝えるか

　傷害調査を行う目的や活用方法はさまざまです。それらの目的を達成するためには、傷害調査から得られた結果をどのようにまとめ、伝えればよいでしょうか。傷害調査から得られた傷害発生率だけをただ提示しても、相手にはなかなか伝わりません。重要なことは、いかに相手にわかりやすく、そして正しく伝えられるかを考え、工夫することです。

　傷害調査を行うことが最終目的になるのではなく、そもそも傷害調査を行った目的に立ち返り、その目的を達成するための工夫を凝らし、データを提示することで、傷害調査の価値も大きく変わってくるのではないでしょうか。

　ここでは傷害調査結果をどのようにまとめ、どのように活用するかについて紹介します。

目的に立ち返る、伝える対象を考える

　傷害調査はさまざまな目的で活用することができることは、これまでにいくつかの例を挙げて伝えました。傷害調査結果をまとめる際には、その目的に立ち返ることが一番重要なことです。

　たとえば、選手を対象にチームの傷害に関する問題点を伝え、新しいシーズンに向けて傷害予防の取り組みを理解させることが目的であれば、単に傷害発生率を表にまとめるだけでは、伝えたいことや考えてほしいことは十分に伝わりません。さらに傷害予防という目的を考えれば、ただ理解させるだけではなく選手の心を動かす伝え方ができれば、傷害予防へのモチベーションも上がります。傷害調査結果をどのように

理解させ、どのようにしてモチベーション向上につなげていくかといった工夫が大変重要になります。

もし論文などで調査結果を発表するということが目的であれば、論文を読む人が誤解のないような論文形式でのまとめ方が重要になります。どのような形式で図表を作成すべきか、どのような項目を掲載すべきかについては、先行研究などを参考にするとよいでしょう。

伝える対象や目的によって、その表現方法はその都度十分検討する必要があります。

グラフ化する

傷害調査結果の数字だけを文章にして伝えても、何がポイントなのか伝わりにくく、また記憶にもなかなか残りません。とくに調査項目が多くなればなるほど読むべき項目が多くなりますから、一度聞いただけではなかなか記憶にも残らず、モチベーションも上がりにくくなります。

そこでこのような問題点を解決するために、多くの現場では結果をグラフ化する工夫がなされています。結果をグラフ化し、重要な箇所に囲み線をつけたり、強調したい部分の文字色を変えることで、視覚的にも非常にわかりやすくなります。

グラフ化といっても棒グラフ（縦・横）、折れ線グラフ、円グラフなどありますから、それらの選択も重要です。グラフ化については、傷害調査データをエクセル（マイクロソフト社製）などの表計算ソフトに変換することができれば、比較的簡単に作成することができます（図7-1、2）。

「SIRIUS」では、グラフ化を簡単にできるよう、エクセルシートへの変換も比較的簡単な操作で可能になっています。以下にその手順について説明します。

まず「SIRIUS」では、毎日記録し続けてきた傷害調査データを一覧で見ることが可能です。上段に「一覧・復帰日入力・編集」というリンクがあるので、その部分をクリックします。すると参考資料7-1のページに移動します。このページの中に「タブ区切りテキストで取得」という項目があるので、これで表計算ソフトにデータを移すことが可能と

復帰日の登録

受傷日△▽	復帰日	選手名	入学年	ポジション	診断	受傷部位	ケガの種類	左右	新規・再発	オーバーユース・外傷
2015-06-28	復帰	15	2012	CTB	右肩関節脱臼	肩／鎖骨	脱臼／亜脱臼	右	新規	
2015-05-02	復帰	42	2014	No8	右第5指 脱臼	手／指／親指	脱臼／亜脱臼	右	新規	
2015-04-28	復帰	52	2015	HO	足関節 内反捻挫	足関節	捻挫／靭帯損傷	右	新規	
2015-04-28	復帰	36	2013	FB	足関節 捻挫	足関節	捻挫／靭帯損傷	左	新規	
2015-04-15	復帰	33	2013	CTB	大腿部打撲	大腿前面	血腫／打撲傷／打撲	右	新規	
2015-04-15	復帰	26	2013	No8	足関節捻挫	足関節	捻挫／靭帯損傷	左	新規	

受傷による現役引退を登録する（ここをクリックして展開）

復帰済みの傷害記録

受傷日△▽	復帰日△▽	復帰までの日数(重症度)	選手名	入学年	ポジション	診断	受傷部位	ケガの種類	左右	新規・再発
2015-04-03	2015-04-30	27日	26	2013	HO	足関節捻挫	足関節	捻挫／靭帯損傷	右	再発
2015-04-03	2015-05-05	32日	2	2012	PR	脳震盪	頭部／顔面	脳震盪（意識喪失があるかどうかにかかわらず）	右	新規
2015-04-01	2015-05-03	32日	28	2013	SH	膝MCL損傷	膝	捻挫／靭帯損傷	右	新規
2015-04-01	2015-04-29	28日	23	2013	HO	足関節捻挫	足関節	捻挫／靭帯損傷	左	再発

傷害記録を編集する（ここをクリックして展開）

タブ区切りテキストで取得

下のボックス内を一度クリックし、全選択（コントロール＋Aでできます）、コピー（コントロール＋C）して、表計算ソフトなどのうえでt

| 2015-06-28 | 0000-00-00 | （復帰日未入力） | 15 | 2012 | CTB | 右肩関節脱臼 | 肩／鎖 |
| 練習 | 晴れ | 天然芝 | | | | | |

参考資料 7-1 （上記のデータは架空のものです）

なります。

　「タブ区切りテキストで取得」の下にボックスがあり、その中に記録した傷害調査データが全て残されているので、一度ボックス内をクリックし、全選択（コントロール＋A）、コピー（コントロール＋C）します。次に表計算ソフトなどのシートを立ち上げ、シートにあるセルをクリックした後、ペースト（コントロール＋V）することで、全てのデータを移すことが可能になります。非常に簡単な作業なので、多くの時間

の種	受傷機転	ファウル	受傷時間帯	練習/試合	天候	サーフェス	担当医師	応急処置	自由記入項目1	自由記入項目2	自由記入項目3	備考
した				練習	晴れ	天然芝						
した				練習	くもり	天然芝						
ング				練習	晴れ	土						
ング				練習	晴れ	土						
ング	Contact	無し		練習	晴れ	天然芝						
ング	Non contact	無し		練習	雨	天然芝						

バーユース	プレーの種類	受傷機転	ファウル	受傷時間帯	練習/試合	天候	サーフェス	担当医師	応急処置	自由記入項目1	自由記入項目2	自由記入項目3	備考
	ステップ	Non contact	無し		練習	雨	天然芝						
	タックルした	Contact	無し	0-20	試合	晴れ	天然芝						
	タックルされた	Contact	無し	61-80	試合	晴れ	天然芝						
	ランニング	Non contact	無し		練習	雨	天然芝						

クリックしてペースト（コントロール＋V）することで、自由に加工できます。

| 脱臼／亜脱臼 | 右 | 新規 | タックルした | | |

を費やすこともありません。

比較対象となるデータを活用する

　もし、トレーナーとして年間の傷害予防の取り組みの成果を明らかにするのであれば、前年度との比較があるほうがわかりやすいと思います。同じチームでの比較であれば、傷害調査の手法や定義などは同一に

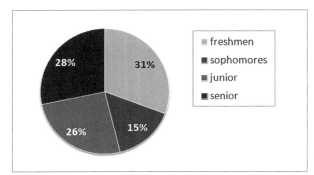

図 7-1

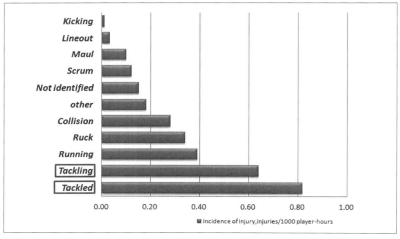

図 7-2　（上記の図1、図2ともにデータは架空のものです）

なりますが、比較する際は、毎年変化する選手数や試合数、練習時間なども考慮して考察する必要があります。

　また他チームの傷害調査結果を比較対象とすることで、自分のチームの特徴や課題が見えてくることもあります。ただし、他チームの傷害調査結果と比較する際は、いくつか注意点があります。まず比較対象となる先行研究の研究手法を十分確認することが重要です。傷害発生率を「Athlete-hours」で算出しているのか、「Athlete-exposures」で算出しているのかなどを確認することや、傷害の基本的な定義はどのようになされているのか、さらに調査期間や、練習および試合数などについても

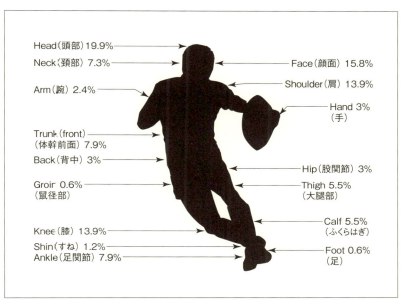

図 7-3 部位ごとの違いを伝える方法の例（文献1より改変して引用）

確認することが重要です。明らかに傷害調査の手法や定義が異なっている場合は、そのような背景も考慮した考察が重要になります。

　同競技チームとの比較を行う際は、同等の競技レベルのチームとの比較だけでなく、目標とするチームとの比較なども面白いでしょう。比較対象となる傷害調査の先行研究の数が多ければ平均値も見えてくるので、1つのチームとの比較のほかに、複数のチームによる傷害調査結果の平均値との比較も意味深いと思います。

詳細な傷害特徴を再検証する

　詳細な傷害特徴を把握するためには、大項目の分類以外にさらなる検証が必要となります。たとえば、ラグビーを対象とした傷害調査において、「受傷機転」では「タックルした」が多いという結果が得られたとします。また別の調査項目で「受傷部位」では「足関節」が多いという結果が得られたとします。しかし、これは全体像の結果でしかありません。

そこで、「タックルをした」際に「最も多い傷害部位」という条件で再度検証すると、もしかしたら「膝関節」が「タックルした」際に最も好発する傷害部位になるかもしれません。

同様に「傷害発生率の高いポジション」がどのポジションか明らかになれば、「傷害発生率の高いポジション」と「傷害の種類」という条件で再検証することで、「傷害発生率の高いポジション」において好発する傷害を明らかにすることも可能です。

また「傷害の種類」で再検証することも可能ですから、例えば重症度が高いとされる「ACL損傷」や「頚部損傷」などが「どのような受傷機転」で発生しているかといった重要な情報を調べることも可能になります。参考として実際に先行研究で行われている調査項目をいくつか例として示します。

1) 学年別
傷害発生率、傷害部位、傷害の種類（診断名）、受傷機転など
2) ポジション別
傷害発生率、傷害部位、傷害の種類（診断名）、受傷機転など
3) 傷害の種類（診断名）別
受傷機転、傷害発生率、重症度、再受傷率など
4) 月別
傷害の種類（診断名）、傷害発生率など
5) 受傷機転別
傷害発生率、傷害部位、重症度など
6) 試合における受傷時間帯別
傷害発生率、傷害の種類（診断名）、受傷機転など

全体像を捉えることも重要ですが、傷害調査のデータが整っていれば、このように細部にわたる再検証も十分可能になります。傷害予防を考えるうえでは、このように具体的な検証が非常に重要になりますので、是非取り組んで下さい。

傷害のリスクを考える

　選手のコンディションや身体的特性などがメディカルチェックやコンディションチェックのデータとして残っていた場合、傷害のリスクを探ることもできます。関節不安定性と脱臼との間にどのような関連があるか、タイトネスと肉ばなれとの間にどのような関連があるか、その他では、筋力と傷害発生率との関連や、バランス能力と傷害発生率との関連、体脂肪率と傷害発生率との関連などさまざまな項目で再検証すると、どのような特性を持った選手に、どのような傷害が発症しやすいのかも予測することができます。

　すでに傷害リスクがいくつか明らかになっている傷害もありますが、まだまだ全て明らかになっているわけではありません。このような取り組みから傷害のリスクをいくつか予測することができれば、選手の傷害予防にもつながります。そして選手自身も自分の傷害リスクに気づくことができるので、傷害予防に対するモチベーションの維持にもつながるのではないでしょうか。

　以上のように、傷害調査結果からさらに踏み込んで、ほかのチェック項目との関連性を検証することも重要な取り組みのひとつです。

論文などで発表する場合

　論文などで発表する際は、具体的な手法を詳細に明らかにすることが求められます。また表などで示す場合は、95％信頼区間（Confidence interval：CI）なども併せて記載している先行研究が多く見られます（参考資料7-2）。

　95％信頼区間（Confidence interval：CI）の算出方法は以下の通りとなります。

95％信頼区間の算出式
・標本の大きさが十分に大きく、母分散が既知の場合：

$$\left(\bar{x} \pm 1.96 \frac{\sigma}{\sqrt{n}}\right)$$

参考資料 7-2

Incidence(Injuryies/1000 playing hours) of match and training injuries as a location of injury

Incidence of injury,injuries/1000 player·hours(95%CI)

		Match		Training		All Players	
Head/neck	All injuryies	6.10	(3.99 to 9.33)	0.28	(0.19 to 0.41)	0.49	(0.37 to 0.65)
	Head/face	4.65	(2.86 to 7.56)	0.20	(0.13 to 0.32)	0.36	(0.26 to 0.51)
	Neck/cervical spine	1.45	(0.62 to 3.40)	0.08	(0.04 to 0.16)	0.13	(0.07 to 0.22)
Upper limb	All injuryies	5.81	(3.76 to 8.98)	0.33	(0.23 to 0.47)	0.53	(0.40 to 0.70)
	Shoulder	4.36	(3.31 to 8.27)	0.24	(0.16 to 0.37)	0.39	(0.29 to 0.54)
	Upper arm	0.29	(0.05 to 1.65)	0.02	(0.01 to 0.08)	0.03	(0.01 to 0.09)
	Elbow	0.29	(0.05 to 1.65)	0.01	(0.00 to 0.06)	0.02	(0.01 to 0.08)
	Forearm	0.00	(-)	0.01	(0.00 to 0.06)	0.01	(0.00 to 0.06)
	Wrist	0.29	(0.05 to 1.65)	0.01	(0.00 to 0.06)	0.02	(0.01 to 0.08)
	Hand/fingers	0.58	(0.16 to 2.12)	0.03	(0.01 to 0.10)	0.05	(0.02 to 0.12)
Trunk	All injuryies	0.29	(0.05 to 1.65)	0.10	(0.05 to 0.19)	0.11	(0.06 to 0.20)
	Upper back/sternmum/ribs	0.00	(-)	0.01	(0.00 to 0.06)	0.01	(0.00 to 0.06)
	Abdomen	0.00	(-)	0.00	(-)	0.00	(-)
	Lower back/peivis/sacrum	0.29	(0.05 to 1.65)	0.09	(0.04 to 0.17)	0.10	(0.05 to 0.18)
Lower limb	All injuryies	16.28	(12.54 to 21.14)	1.24	(1.03 to 1.49)	1.79	(1.54 to 2.08)
	Hip/groin	1.16	(0.45 to 2.99)	0.09	(0.04 to 0.17)	0.13	(0.07 to 0.22)
	Thigh(anterior)	0.58	(0.16 to 2.12)	0.11	(0.063 to 0.20)	0.13	(0.07 to 0.22)
	Thigh(posterior)	2.33	(1.18 to 4.59)	0.22	(0.14 to 0.34)	0.30	(0.21 to 0.43)
	knee	5.52	(3.45 to 8.63)	0.24	(0.16 to 0.37)	0.44	(0.32 to 0.59)
	Lower leg/Achilles	0.58	(0.16 to 2.12)	0.14	(0.08 to 0.25)	0.16	(0.10 to 0.26)
	Ankle	5.81	(3.76 to 8.98)	0.33	(0.23 to 0.47)	0.53	(0.40 to 0.70)
	Foot/toe	0.29	(0.05 to 1.65)	0.10	(0.05 to 0.19)	0.11	(0.06 to 0.20)
other		0.29	(0.05 to 1.65)	0.01	(0.00 to 0.06)	0.02	(0.01 to 0.08)
All location		28.78	(23.64 to 35.03)	1.96	(1.69 to 2.27)	2.94	(2.62 to 3.31)

(上記のデータは架空のものです)

・標本の大きさが小さく、母分散が未知（一般的なデータ解析）の場合：

$$\left(\bar{x} \pm t_{n-1}(\alpha/2)\frac{s}{\sqrt{n}}\right)$$

詳細に記載すべき内容や項目、図表の書き方、統計の手法などに関しては、先行研究などを参考にされるとよいでしょう。

私たちの探究心とちょっとした一手間を加えることで、傷害調査の活用方法も大きく変わってきます。また伝える相手にとっても伝わり方が大きく変わってきます。
最終的にはこのような取り組みの積み重ねから、スポーツ界における安全性が高まり、傷害発生率を少しでも低下させることができればと考えています。

COLUMN

95%信頼区間（Confidence interval：CI）とは

信頼区間とは、得られたデータから母平均が95%の確率でどの範囲にあるかを示します。たとえば、平均が20.5歳というときは、この値が中心的な値であるとしか情報を与えませんが、年齢の平均は95%信頼区間で［18.2〜22.8］の範囲にあるとの情報を与えます。

参考資料：対馬栄輝：SPSSで学ぶ医療系データ解析．東京図書，東京，24-5，2007．

[参考文献]

1) Anthony G. Schneiders et al. A prospective epidemiological study of injuries to New Zealand premier club rugby union players, Physical Therapy in Sport 10 (2009) 85-90

事例報告

傷害調査をやってみて——大学アメリカンフットボール部での記録
鈴田芽生・NPO法人スピッツェンパフォーマンス所属、日体協AT、JATI-ATI

　実際に初めて傷害調査を行った人が、どのような部分で苦労し、この傷害調査から何を感じたのでしょうか。以前私のゼミでアメリカンフットボールの傷害調査を卒業論文のテーマにした学生・鈴田芽生が、そのときに感じたことや、傷害調査についての率直な感想を紹介します。以下の文章は鈴田芽生によるものです（砂川）。

傷害調査を行ったきっかけ
　私が大学在学中に卒業論文を作成する際、何を題材にして研究を行うか非常に悩んでいました。そんなある時、月刊『トレーニング・ジャーナル』で「使えるデータをつくろう」という特集記事を読み、その中で砂川憲彦先生の「世界の基準に対応した傷害調査」という記事が掲載されていました。当時の私はアスレティックトレーナー研究部に在籍していて、砂川先生の指導を受けていましたので、傷害調査についていろいろと質問させていただいたことが興味を持ったきっかけです。また、私の先輩も砂川先生のゼミで「障害者スポーツの傷害調査」を行っていて、その先輩が作成した卒業論文にも非常に大きな影響を受けました。

調査対象となったチームとの出会い
　当時、私は日本体育協会公認のアスレティックトレーナーの資格取得を目指していました。この資格を受験するためには、学内で必要なカリキュラムの単位を取得することと、スポーツ現場での実習が必要になるため、私は大学から紹介していただいた実習先にお世話になることとなりました。大学時代にいくつかの実習先にお世話になりましたが、3年生の6月からはある大学のアメリカンフットボール部での実習になりました。このアメリカンフットボール部にはNATA-ATCの資格や、日本体育協会公認アスレティックトレーナーの資格を取得されている先生が関わっていらっしゃったので、わからないことなどがあれば、いつでも質問ができる非常に恵まれた環境だったと思います。
　このチームでは以前から傷害の記録を学生トレーナーの方がつけてい

ましたが、何かのガイドラインに沿ったものではありませんでした。アメリカンフットボールはコリジョンスポーツですから、他の競技に比べ外傷の発生頻度も比較的多いのではないかと感じていたことと、チームに何か自分でも貢献できることはないかと考えたことが、このチームでの傷害調査をやってみたいと思ったきっかけです。

そこで、早速チームに卒業研究としてアメリカンフットボール部の傷害調査を行い、チームの問題点を明らかにしてみたいということを相談したところ、チームからも快諾が得られ、傷害調査が可能となりました。傷害調査はチームの理解がないとできないことですから、本当にありがたいことだと感じました。

最初に行ったこと

卒業論文のテーマに傷害調査を行おうと思いましたが、当時は傷害調査については何も知識がありませんでした。そこで先行研究を調べることから始めました。私の一番大きな目的は傷害調査を「傷害予防に役立てたい」ということですから、アメリカンフットボール＝American footballや疫学＝Epidemiology、傷害予防＝Injury preventionや傷害調査＝Injury Surveillanceといったキーワードを中心に先行研究を調べました。

私は取り立てて英語が得意というわけではないので、英文の論文を調べ、内容を理解するのに非常に時間がかかりましたが、どのような考えのもと、どのような方法で傷害調査が行われているのかを知ることができ、非常に勉強になりました。調べていると、国内の大学アメリカンフットボールの先行研究は何件かあっても、実際調査を行うチームが所属するリーグでの先行研究は見当たらなかったため、ほかのリーグ（ほかの競技レベル）と比較した傷害調査ができるかもしれないと思い、そんな期待を胸に抱き、ワクワクしながら取り組むことができました。

データの入力

さまざまな先行研究を調べた後、ではどのような手法で傷害調査を行うか考えているときに、傷害調査のシステム「SIRIUS」の存在を知りました。このシステムにも非常に興味がありましたので、私の卒業論文

の研究では、この「SIRIUS」を活用して傷害調査を行おうと決めました。実際には私だけではなく、ほかの学生トレーナーにも出欠とケガが発生したときの内容を別紙に記録してもらいました。選手の情報は慎重に扱わなければならないですし、表現や基準を整えるためにも最終的には私が「SIRIUS」を使って出欠やケガの内容についてデータを入力しました。

「SIRIUS」を使用すると、出欠データの入力をすることで、傷害発生率の手法である「Athlete-hours（AH）」と「Athlete-exposures（AEs）」の計算が自動的にできます。また、傷害データが蓄積されたら、それをエクセルシートに写し、項目別に分析していくのですが、「SIRIUS」に入力した内容は、テキスト化されてエクセルにすぐに反映することができます。この2つの作業は手間がかかると思われがちですが、「SIRIUS」を使ったことでスムーズに行えたという印象があります。シーズンを通して帯同でき、毎日記録がつけられるようなチームであればデータを集計、分析するのにとても有効なシステムだと感じています。

大変だったこと

卒業論文では、NCAAの分類項目に基づいて傷害調査を行いましたが、傷害調査を始めた頃は受傷機転などの分類が完全に一致していない部分がありました。これについては、傷害調査を開始する前にもっと具体的に内容を検討すれば解決できたと思います。最終的には分類をいくつかやり直すことになり、少し大変でした。

また、分類項目は明確になっていても、細かい部分で、どちらに分類したらよいのか迷ったことも何度かありました。その際は砂川先生に相談することで、どちらに分類すべきか判断できました。

実際に分析した項目

集計したデータを、どのように分析するか考えるにあたり、他の競技レベルのチームや、海外チーム、さまざまな種目の先行研究と比較したかったので、傷害発生率は「Athlete-hours（AH）」と「Athlete-exposures（AEs）」と「パーセンテージ（%）」の3つの手法で算出しました。

分析した項目は、「練習・試合の傷害発生率」「春シーズンと秋シーズ

ンの傷害発生率の比較」「部位別傷害発生率」「種類別傷害発生率」「発生メカニズム」「重症度」「ポジション別傷害発生率」「学年別傷害発生率」「試合での受傷時間帯」などです。

　しかし、傷害の記録があれば、これら以外にもさまざまな角度から分析できることがわかりました。たとえば、チームでニーブレース（膝の装具）を装着している選手がいますが、それらは本当に傷害予防として役立っているのかなど、トレーナー活動中に感じていた疑問を、傷害調査における分類項目に取り入れることで分析できたことも新鮮でした。

わかったこと

　実際に傷害調査を行い、多くのことがわかりました。まず、試合のほうが練習より受傷率が高いということはいくつかの先行研究でも指摘されていましたが、私が傷害調査を行ったチームでも同様の結果が得られました。傷害調査を行ってみて新たに気づいたことは、春シーズンと秋シーズンの試合での傷害発生率を比較した際に差が出たことです。結果としては春シーズンのほうが傷害発生率は高かったのですが、なぜそのような結果になったのかと考察したところ、春シーズンは強い相手と練習試合を積極的に組んだということが影響しているのではないかと考えました。対戦相手のレベルによっても傷害発生率が変化するという点は非常に興味深い結果だったと思います。最終的には過去5年間で、最もケガが少なかったということもわかりましたので、その結果は非常に嬉しかったことです。

　傷害予防の一環として、このチームではコンタクトのあるポジションの選手にはニーブレースを義務化しています。その結果ニーブレースを装着した選手には膝の靭帯のケガが1件も発生しませんでした。選手によっては「動きが制限される」といって装着を嫌がることもありますが、ランニングバックなど、走るポジションで装着しなかった選手は、受傷率が高かったということも、この結果からわかったことです。先行研究ではニーブレースの効果についてさまざまな意見が述べられています。私が傷害調査を行ったチームでは、経験者だけでなく大学から競技を始めた初心者までいます。そういった初心者にはニーブレースを装着する意味があるのかもしれないと思っています。さらに、走るポジションに適した、膝関節の動きを制限しないニーブレースが今後開発される

と、選手にとって非常によいことだと思っています。

考える手がかりに

　実習生としてチームに帯同すると、考察する時間がない、振り返ることがないというのが実際のところで、今起きているケガが何なのか、どういったケガが起こっているかという傾向をつかむことも、それをもとに分析することも、なかなかできません。また、記録はつけていても、それが何のための記録なのか、どのように活用すればよいのかわかりませんでした。

　スポーツ現場では、毎日選手のトレーニングを見て、テーピングを巻いて、コンディショニングをして、1日が終わっていくという状況です。実習生としてできることは増えていくのですが、それが何の役に立つのか、予防するのに何が必要かということも、考えようと思っても、どう考えたらよいかすらわからなかったのです。

　この傷害調査を行った目的は、傷害予防のためでしたが、現場におけるトレーナーの業務のひとつひとつがなぜ大切なのかということを考えるきっかけになりました。とくに、ただ「データ」を記録することが重要なのではなく、その「データ」からどのような情報を読み取り、どのように活用していくかを考えることが最も大切であると感じています。

　もっと早く取り組むことができれば、よりチームに貢献できたのではないかと感じています。私がまとめた傷害調査の結果を、近々、監督に報告する予定です。

傷害調査の可能性

　傷害調査は「できない」「難しそう」「大変そう」と思われているから広まらないという側面もあるのではないかと思います。アメリカでは、ケガの統計システムというのがあり、チームによっては傷害データを入力することが下級生の学生トレーナーの仕事のひとつになっていることもあるようです。日本でも、チーム内の手元にあるデータの記録方法を少し工夫すれば、傷害調査に活用できるデータの蓄積につながります。それほど難しく考える必要がなくなるように思えます。

　また、日本でも傷害調査のシステムが開発されたこともあり、以前よりも簡単に取り組みやすい環境が整ってきていると感じます。傷害調査

から得られる情報は現場に活きてくるものになり、チームの現状を把握するのにとてもよい機会になると思います。今後もさまざまな調査結果が発表され、傷害予防への関心がさらに高まっていけばよいと思います。

　なにより、今後の現場活動に有効な情報がたくさん詰まっている選手の記録を分析することは、毎日選手と顔を合わせ、サポートを行っているトレーナーにできる役割ではないだろうかと、学生という立場で傷害調査を行い、そんなことを感じました。

　最後に、今回の傷害調査に協力していただいた選手およびチーム関係者の皆様、ご指導していただきました先生方に深く感謝いたします。

[参考文献]
1) 鈴田芽生「本邦の大学アメリカンフットボール選手における傷害に関する疫学的調査（卒業論文）」帝京平成大学、2014年

選手を守るために
調査を傷害予防に結びつける

　傷害調査を行う目的はいくつか挙げられますが、おそらく傷害調査を行う目的の中で、最も多くを占めるのが「傷害予防に活かすため」なのではないでしょうか。それでは傷害調査を傷害予防に活かすために、どのような考え方が必要でしょうか。

　傷害調査の結果から部位別の傷害発生率や、傷害の種類別傷害発生率、部位別重症度、傷害の種類別重症度、プレー別傷害発生率、受傷機転別傷害発生率などが明らかになることは前述しました。これらの結果から、チームもしくは個人として傷害予防に取り組むべき問題は明らかになります。しかし、傷害調査結果から「この部位のケガが多いから減らしましょう」「このプレーでのケガが多いから注意しましょう」といってもそれだけでは具体的な傷害予防にはつながりません。

傷害予防の基本的な考え方

　傷害予防を行う基本的概念として、Van Mechelenらが「Incidence, Severity, Aetiology and prevention of sports injuries」という論文で示された4段階モデルというものがあります（図8-1）。これは現在でも世界的に多くの研究者が引用している傷害予防の概念です。この4段階モデルでは、第1段階で傷害発生率や重症度などを調査し、傷害の現状と特徴を明らかにすることが求められ、第2段階では傷害発生のメカニズムやリスクファクターの解明を行うことが求められます。そして、第3段階では、第2段階で明らかとなったリスクファクターに対する予防プログラムを考案・介入し、第4段階では傷害予防の介入効果を検証す

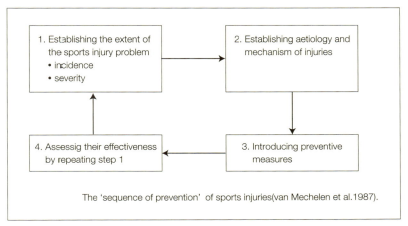

図8-1　傷害予防のプロセス

るというものです。

またその後、Bahrらが2006年に発表した「A new framework for research leading to sports injury prevention」という論文では、傷害予防へつながる新しい考え方として、6つのステージが示されています（図8-2）。詳細に説明すると、第1ステージでは「傷害調査」、第2ステージでは「ケガのメカニズムと要因を証明する」、そして第3ステージでは「傷害予防プログラムの開発」、第4ステージでは「理想的な条件／科学的評価」となっており、先に紹介した、Van Mechelenらが示した4段階モデルにそれぞれ沿った内容となっています。

これらの論文から、傷害予防を検討するうえで初めに行うことが傷害調査であり、傷害調査の後に行うステップとして傷害発生のメカニズムやリスクファクターを明らかにすることが重要であることがわかります。

それではスポーツ傷害のリスクファクターはどのように考えていけばよいのでしょうか。

傷害のリスクファクターを考える

スポーツ傷害のリスクファクターを考えるうえで「Understanding

Model stage	TRIPP		Van Mechelen et at 4 stage Approach[1]
1	Injury surveillance		Establish extent of the problem
2	Establish aetiology abd mechanisms of injury		Establish aetiology and mechanisms of injury
3	Develop preventive measures		Introduce preventive measures
4	"Ideal conditions" /scientific evaluation		Assess their effectiveness by repeating stage 1
5	Describe intervention context to inform Implementation strategies		
6	Evaluate effectiveness of preventive measures in implementation context		

図8-2

injury mechanisms: a key component of preventing injuries in sport」は非常に参考になる論文です。

　この論文ではまず性別、年齢、身体組成、健康状態、技術レベル、心理的要因などを内的要因と捉え、これらにリスクを抱えた選手を、「Predisposed athlete（素因を持つ選手）」としています。この「Predisposed athlete（素因を持つ選手）」に外的要因（競技的要因、防具、用具、天候、サーフェスなど）が加わることで、「Susceptible athlete（傷害を受けやすい選手）」となり、さらにこの「Susceptible athlete（傷害を受けやすい選手）」に誘発事象（プレー状況、相手選手の動き、バイオメカニクス的負荷など）が加わることで傷害が発生するという考え方です（図8-3）。

　これらの内容を見ていくと、傷害が発生するにはさまざまな要因が影響していることがわかります。したがって、傷害調査の結果から明らかとなった問題点に対し、どのような内容がリスクとして影響しているのかを具体的に検討していかないと、根拠のある傷害予防にはつながらないということになります。

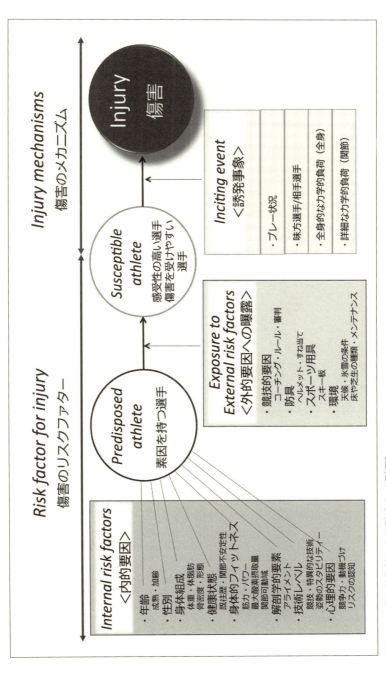

図 8-3 (参考文献 3 より改変して引用)

内的要因から傷害リスクを検討する

　内的要因については、「客観的評価」と「主観的評価」を評価すると、傷害が発生する要因を詳細に探ることができます。体重・体脂肪率・筋力・柔軟性・可動域などは測定により客観的評価が可能です。またダイナミックアライメントなどについては、動作解析などを行うことで評価が可能です。加えて既往歴や年齢については問診で確認ができます。心理的な部分の客観的な評価は非常に難しい部分ですが、POMS（profile of mood states）などを活用すると、グラフで心理状態を評価することができます。POMSとは65問の質問項目に対し、「全くなかった」から「非常に多くあった」の5段階で回答し、心理状態を6つの尺度（①緊張―不安、②抑うつ―落込み、③怒り―敵意、④活気、⑤疲労、⑥混乱）から評価するというものです。

　さらに日々変化するコンディションを評価することも、傷害発生のリスクを考えるうえでは重要なポイントになります。コンディション評価には、心拍数・体温・睡眠時間といった客観的評価項目と、疲労感・食欲・睡眠の質など主観的評価項目が挙げられます。このような項目は選手のセルフコンディショニングの一環として選手自身に行ってもらうのもひとつの方法です。

　これらのデータを記録として正確に残すことができると、傷害が発生したときのコンディションを確認することができます。傷害調査の結果で問題となった傷害について、その傷害発生と内的要因の関連を調べてみると、その傷害特有のリスクファクターをある程度予測することも可能になるかもしれません。

外的要因から傷害リスクを検討する

　内的要因からケガの素因を持つ選手がいたとしても、素因だけでは傷害は発生しません。この素因を持った選手に外的要因が加わることで、傷害を受けやすい選手となります。

　ここで説明されている外的要因も多岐にわたりますが、天候、気温・湿度、サーフェスなどは高価な道具がなくても、時間をかけなくても記

録に残せます。ただし、毎日欠かさず記録を取り続けなくてはなりません。そのために継続して記録できるシステムが必要になります。どのような用具や防具をスポーツ活動で使用したのかについて記録に残すためには、用具や防具の特徴（サイズ・重さ・状態・使用年数など）を詳細に確認することが必要です。日常的に使用している用具や防具の安全性や機能性を確認することで、ケガへのリスクが検討できるかもしれません。

このように、あらゆる角度から詳細に記録を残すことで、傷害発生と外的要因の関連を検討することができるようになります。このような取り組みから、実際に傷害が発生した背景にはどのような外的要因が影響しているのか明らかにすることができれば、具体的な予防対策も可能となるわけです。

誘発事象を詳細に分析し、傷害リスクを検討する

ケガの素因を持つ選手に外的要因が加わった「傷害を受けやすい選手」でも、実際にケガをする場面もあれば、ケガをしない場面もあります。なぜでしょうか。

表にも示されているように、「傷害を受けやすい選手」に「誘発事象」が加わることで傷害は発生します。したがって受傷時どのようなシチュエーションでどのようなプレーを選択し、その際の相手の動きはどうだったのか、などについて聞き取り調査をすることや、実際に受傷した際受傷部位にどのような負荷がかかったのか、などの力学的分析などができれば、どのような内容が傷害の誘発事象となるのか検討することができます。

傷害のリスクファクターを明らかにし、
傷害予防プログラムの開発に役立てる

前述した通り、傷害発生に影響するリスクファクターは非常に多岐にわたります。これらの項目について評価をしっかりと行い、データを記録として残し続けることは決して簡単なことではありません。しかし、

スポーツ現場における傷害を少しでも予防したいと考えた場合、その要因をあらゆる角度から分析することで、傷害予防として何を行うべきかが明確になるので、このような取り組みは非常に重要です。

ただし、日々の評価項目が多すぎると選手やスタッフにとっても負担が大きくなってしまい、継続が困難になったり、評価そのものがいい加減になることも予測されます。したがってどのような項目を評価項目とするのかについては慎重に検討する必要があります。

傷害調査を行うことで取り組むべき課題が明確になりますが、その課題について先行研究などを調べると、傷害に影響する要因についてすでに明らかになっていることもたくさんあると思いますので、取り組むべき課題に関連する先行研究などを調べてみるとよいかもしれません。リスクファクターを考えるうえで、バイオメカニクス的な専門性などが必要な場合は、時には研究者の方々の力をお借りすることもひとつの方法です。スポーツ現場で活動される方々と、研究者の方々がともに協力してこそ得られる知見もあるように感じます。

傷害予防プログラムとしてどのような項目を取り入れるべきなのか、スクリーニングテストにはどのような項目を実施すべきか検討するうえで、傷害のリスクファクターを詳細にわたり明らかにすることが重要なプロセスです。

傷害調査の重要性を改めて理解する

スポーツ現場における傷害を少しでも予防したい、ということは誰もが考えることでしょう。しかし実際には何から取り組めばよいのか非常に悩ましい問題でもあります。Van Mechelenらが示した傷害予防の基本的な概念の第1段階は「傷害の現状と特徴を明らかにすること」となっておりますから、傷害調査は傷害予防を考えるうえで土台となるものだと考えます。この取り組みがあってこそ、「傷害発生のメカニズムやリスクファクターの解明を行うこと」へと進むことができ、さらにそれらを根拠とし「傷害予防プログラムの開発」が可能となるのです。

傷害予防を行ううえで、傷害調査がどれほど重要であるか理解いただけたでしょうか。ただし、現状を調べてみるとまだまだ傷害調査が日本

のスポーツ界に深く浸透しているとはいえない状況です。手法がわからないケースもあるかもしれませんが、それ以外にも傷害調査を継続的に行ううえで支障となる要因はいくつか挙げられると思います。

　私自身が傷害調査を行おうと思ったきっかけは、自分が所属していたチームの選手を守りたいという思いからでした。傷害調査の重要性をしっかりと認識すること、傷害調査の目的を明確にすることが、モチベーションの維持にもつながるのではないかと考えます。

　まだまだ傷害調査が行われていない（公表されていない）競技種目やカテゴリーはたくさんあります。傷害調査という取り組みがスポーツ界により浸透することで、さまざまなディスカッションが生まれ、新しい発見や考えが生まれてくるかもしれません。そういった小さな積み重ねが、傷害予防の発展につながっていくと感じています。

[参考文献]

1) Incidence, severity, aetiology and prevention of sports injuries. A review of concepts. van Mechelen W, Hlobil H, Kemper HC. Sports Med. 1992 Aug; 14 (2): 82-99.
2) A new framework for research leading to sports injury prevention. Finch C. J Sci Med Sport. 2006 May; 9 (1-2): 3-9; discussion 10. Epub 2006 Apr 17.
3) Understanding injury mechanisms: a key component of preventing injuries in sport. Bahr R, Krosshaug T. Br J Sports Med. 2005 Jun; 39 (6): 324-9.

著者紹介

砂川 憲彦（すながわ・のりひこ）
帝京平成大学現代ライフ学部准教授。早稲田大学大学院 スポーツ科学研究科 修士課程 修了。ラグビーやサッカーなどでアスレティックトレーナーとして活動経験があり、スポーツにおける傷害調査を研究の専門分野とし、傷害予防につなげていくことを考えている。JASA-AT、JATI-AATI。

スポーツ現場の傷害調査

2015年12月15日　第1版第2刷発行

著　者　砂川　憲彦
発行者　松葉谷　勉
発行所　有限会社ブックハウス・エイチディ
　　　　〒164-8604
　　　　東京都中野区弥生町1丁目30番17号
　　　　電話03-3372-6251
印刷所　シナノ印刷株式会社

方法の如何を問わず、無断での全部もしくは一部の複写、複製、転載、デジタル化、映像化を禁ず。
©2015 by Norihiko Sunagawa. Printed in Japan
落丁、乱丁本はお取り替え致します。